慈声呼唤

Jesus Came to Save Sinners

*An Earnest Conversation with Those Who
Long for Salvation and Eternal Life*

by Charles H. Spurgeon

世人蒙昧无知的时候,神并不监察,如今却吩咐各处的人都要悔改。(徒30:17)

慈声呼唤

与渴望得救和永生之友人谈心

作者：（英）司布真
译者：沈熙

慈声呼唤 *(Call of Tenderness)* – Charles H. Spurgeon
Revised & Translated Edition Copyright © 2021
First edition published 1886
Originally titled *All of Grace*

All rights reserved. No part of this book may be reproduced, stored in a retrieval system, or transmitted in any form or by any means – electronic, mechanical, photocopying, recording, or otherwise, without written permission from the publisher.

Unless otherwise indicated, scripture quotations are taken from the New American Standard Bible® (NASB), copyright © 1960, 1962, 1963, 1968, 1971, 1972, 1973, 1975, 1977, 1995 by The Lockman Foundation. Used by permission. www.Lockman.org.

Some scripture quotations are taken from the Jubilee Bible, copyright © 2000, 2001, 2010, 2013 by Russell M. Stendal. Used by permission of Russell M. Stendal, Bogota, Colombia. All rights reserved.

Tranlator: Xi Shen

Aneko Press

www.anekopress.com

Aneko Press, Life Sentence Publishing,
and our logos are trademarks of

Life Sentence Publishing, Inc.
203 E. Birch Street
P.O. Box 652
Abbotsford, WI 54405

RELIGION / Christian Ministry / Evangelism

Paperback ISBN: 978-1-62245-786-1

eBook ISBN: 978-1-62245-787-8

10 9 8 7 6 5 4 3 2 1

Available where books are sold

Contents

致读者 ix

前言 – 你在哪里？ xi

第一章 – 神称罪人为义 1

第二章 – 称义的是神 11

第三章 – 义和称义者 19

第四章 – 关于从罪得救 27

第五章 – 本乎恩，因着信 35

第六章 – 什么是信 39

第七章 – 信心的表现 45

第八章 – 为什么得救是因着信？ 53

第九章 – 唉，我行不出善！ 59

第十章 – 信心加增 75

第十一章 – 重生和圣灵 81

第十二章 – 我知道我的救赎主活着 85

第十三章 – 悔改并饶恕 89

第十四章 – 如何赐下悔改 97

第十五章 – 惧怕终会跌倒 103

第十六章 – 灵得坚固 111

第十七章 – 圣徒为何恒忍 117

结语 123

关于作者 127

耶稣温柔慈声恳切在呼唤，祂呼唤你呼唤我；
祂耐心在你心门外等候，　祂等候你等候我。

为何耽延推却主恳请招引，祂恳请你恳请我；
为何迟延不顾救主的慈怜，祂怜悯你怜悯我。

光阴飞逝奔流一刻不停留，它不等你不等我；
阴暗死亡笼罩黑夜快来临，快临近你临近我。

耶稣应许赐下奇妙大慈爱，应许爱你也爱我；
罪过虽多主有怜悯肯赦免，祂赦免你赦免我。

副歌：归家，归家，忧伤困倦者归家！
　　耶稣温柔慈声恳切在呼唤，呼唤罪人快归家！

（圣诗，《主耶稣慈声呼唤（又名：归家）》，维尔·汤姆森（Will Thompson, 1847 – 1909)："Softly and Tenderly"）

致读者

为了用最好的方式来探讨这个最重要的题目,我尽量使用朴实和简单的语言,这样无论是谁在阅读这本书时,圣灵都能用真理感动他们。不论是受过或是没受过教育的,凡是读了这本书并且被其中的真理所打动的人,我祷告其中有一些可以继续为主赢得更多的灵魂。

谁知道有多少人会因着他们阅读本书而找到通往平安之路呢?更重要的问题是,您将是他们中的一位吗?

有这么一个人,他在路边建了一个饮水池,并且在旁边用一条细链子拴了一个杯子挂在那里。过了些时候,来了一位颇有名气的艺术评论家,他指出这个设计有缺点。后来,有人把这些批评意见告诉了这位建饮水池的人,这个人只问了一句,"有很多口渴的人从饮水池喝水吗?"人们告诉他,有成千的人、穷人、男人、女人和孩童靠这个饮水池解渴。他笑了,因为他其实并不在意这位批评家的意见。相反,他只是盼望这位批评家自己或许会在一个闷热的夏日,也可以用那个杯子舀一杯清水,从而感到神清气爽,并且因而赞颂主名。

这里是我的饮水池,这是我的水杯。要是你想挑错就挑吧,但是敬请享用这生命之水。其实我关心的只有这一件事。我宁可祝福那些捡破烂的,或是那些穷苦人,他们在行人穿过城里那些肮脏的街道时,跑到前面替他们清扫,以换取几枚小钱,而不去取悦那一位血统高贵却无法让他归信真神的王子。

你真的很愿意读这本书吗?如果是,那我们从一开头就有了默契。我的目标完全是为了你能够找到基督和天国。哦!我多么盼望我们能在一起寻找啊!为此我以祷告献上这本小书。在读此书时,你愿意和我一起仰望神并求他祝福你吗?在你略有闲暇时,神预知的看顾和指引已经将这本书放在你面前,而且你愿意花时间来阅读。这是好迹象。在你花了些时间阅读此书时,谁知道会有什么祝福将临到你呢?无论如何,"你今日若听他的话,就不可硬着心,像惹我(他)发怒的日子一样。"(来3:15)

> 我的目标完全是为了你能够找到基督和天国

前言

你在哪里？

我听说过一个故事，说是有一位牧师去探访一位贫穷的妇人。他想要给她一些金钱上的帮助，因他知道这位妇人实在是很穷困。他手里拿着钱去敲门，但是没有人应门。那牧师想既然这位妇人不在家，那就打道回府吧。之后不久，牧师在教会遇到这位妇人，就告诉她他记挂着她的需要。他说，"我到了你家，敲了好几次门，我想你不在家，因为没有人来应门。"

"先生，那是什么时候的事？"

"大约在中午。"

"天啊！"这妇人说，"我听见了敲门声，非常抱歉没有来开门。我以为是房东来讨房租的。"许多经济拮据的人都可会意那是什么滋味。

我愿意人们听到我的声音，因此我要说，我不是来讨房租的。毫无疑问，本书的目的绝非向你要什么东西，而是要告诉你得救完全靠恩典,也就是说,白白的,白白得到,你无须付出任何代价。

通常,当我们希望引起他人注意时,他们会这么想:"现在他要来告诉我,我需要做什么了。这个敲我门的人是要让我把欠了神的东西交出来。但我实在身无分文,什么都付不出,所以我还是干脆假装不在家。"

这本书不是这样的。它不向你要求任何东西。相反,它给你带来一些东西。我们不会谈论律法、责任和刑罚。不是的,我们将谈论仁爱、良善、赦免、怜悯和永生。因此,不要假装你不在家——不要充耳不闻或漠不关心。我不会以神或人的名义对你提出任何要求,我的本意也绝非向你索取。相反,我以神的名义来,是要给你一个白白的礼物,如果你接受它,它将带给你现在和永远的喜乐。

我诚恳地请你打开门,让我进来。来,让我们彼此辩论(参赛1:18)。上帝亲自邀请你和他相见,来讨论你现时和无穷的福祉,如果他对你不存善意,就不会这么做。主耶稣在敲你的门,不要拒绝他,要知道他敲你的门的手曾为了你和我而被钉在十字架上。因为他唯一的目的就是为了你的益处,所以请来靠近他,仔细听他的话。让那美好的道深入你的灵魂。也许你的时候到了,该是你进入新生命的时候了,那即是天国的开始。"信心来自于听道",而读书也是一种听道(罗10:17)。当你阅读此书时,也许你就得着了信心。为什么不呢?

> 我们将谈论仁爱、良善、赦免、怜悯和永生。

哦,赐一切恩典的可称颂的圣灵啊,愿你成就。

"人若喝我所赐的水,就永远不渴。我所赐的水要在他里头成为泉源,直涌到永生。"(约4:14)

第一章

神称罪人为义

这个在给罗马人的信中的信息也是给你的。"唯有不做工的，只信称罪人为义的神，他的信就算为义"（罗4:5）。我要你注意这句话：称罪人为义的神。你难道不惊讶吗？居然在圣经中读到这样的词句——谁会称罪人为义？

这些词语对我而言是难以想象的奇妙。不过，我也的确听到有人恼恨十字架的教义，抱怨神，因为神竟然拯救了恶人，并且亲自接纳邪恶之中最邪恶的人。看看圣经如何清楚地坦然接受这种指责。通过神的仆人保罗之口，通过圣灵的默示，神就是称罪人为义的神。他称那些不义的为义，赦免那些本该受到惩罚之人，并将恩典赐给那些不配得之人。

你认为救恩只应该给与那些好人吗？神的恩典只给那些纯真和圣洁的无罪之人吗？你难道忘记了，假如你的灵性真配得的话，神定会给你奖赏？你是否曾想到过，因为你不配，你绝对无法来享受他的恩宠？情况如果是那样的话，那么你在读到这句话时，一定会感到惊讶：称罪人为义的神。你会感到惊讶其实并不奇怪。即便像我自己对神伟大的恩典可说是耳熟能详，也总是感到这是一句不可思议的话。想到一位圣洁的神居然能够愿意称一个不圣洁的人为义，这难道不会让你感到震惊吗？

由于我们很自然地依赖行为得救，我们倾向于总是讲论我们自己的善和配得。我们顽固地坚持那个观念，就是一定有些美善在我们里面，以致神应当注意到我们。但是这是谎言，而神看穿一切的谎言。他知道在我们里面根本乏善可陈。他说，"没有义人，连一个也没有"（罗3:10），而且他知道，我们"所有的义都像污秽的衣服"（赛64:6）。因此，主耶稣来到这个世界上，不是来寻找好人和义人，而是要把这些美德给予那些需要的人。他来，不是因为我们是义，而是使我们成为义，因为他是那一位称罪人为义者。

> 神建立了一个机制，靠着这个机制，他可以待罪人就好像他们清清白白地度过了一生。

当一位律师来到法院，假如他是一个正直的人，愿意为一个本来无罪的人辩护并且愿在法庭上证明对这个人的指控是错误的，他的目的应当只是要还清白给这个人，而不应该要尝试去保护有罪的一方。人实在并无权利或能力称有罪之人为义。这是单单只属于主的奇迹。

神，这位无限公义的全权者，"知道时常行善而不犯罪的义人，世上实在没有"（传7:20），故此，因着神本性无限的全权和无法言说之爱的瑰丽,他做了这件事,不是仅仅称义人为义,反倒要称罪人为义(参可2:17)。神设计了方法并动用他的资源使得这件事成为可能,即一个有罪的人可以在他面前被公正地接受为无罪。就完全的公义而言,神建立了一个机制,靠着这个机制,他可以待罪人就好像他们清清白白地度过了一生。如此,神待罪人就好像他们完全没有罪一样。他称罪人为义。

耶稣基督来到世上为了拯救罪人。从来没有人会这么预料——特别是所有曾有过这亲身经历的人都会为此称奇不已。至于我自己,甚至直到今日,每每想到神居然会称我为义,我仍然觉得这是闻所未闻的神迹。若没有神的大爱,我自认自己浑身上下毫无价值,时时事事处于败坏之中,罪过一件加上一件。

尽管如此,我却毫不怀疑,我在基督耶稣里面已经因着信而被称义。并且,因着恩典,神待我就好像我一直在过着一个完全正直的生活,而且我已经成为神的后嗣,与基督一起是神的后嗣。虽然我生来必是罪魁之一,完全不配,但我得到的待遇却像我是配得一样。

尽管在过去我是一个罪人,但我得到的爱的分量就好像我一直在过一个敬虔的生活一样。有谁会不为

如果你尚未因着信而接受恩典,你就尚未归正。

此而感到惊愕?我对如此的恩慈感激之余就只有无比惊讶了。在一方面,意识到你我如何能得到福音,这的确是非常令人吃惊的事。你要是很诚实地察看你自己时,你难道不是

那样一种人吗?如果你尚未因着信而接受恩典,你就尚未归正,"你们得救是本乎恩,也因着信。这并不是出于自己,乃是神所赐的"(弗2:8)。用罪人来描述你是最合适不过了,因为你过着没有神的生活。你过着与义背道而驰的生活。

或许你知道一点儿有关神的事,也在口头上承认有神,但你并未为他而活。你妄称神的名,你也许在你的报税表上作手脚,或在他人背后散布流言蜚语。也许你甚至在过着一个不道德的性生活,可你却一直在告诉我你爱神。

或者,你甚至怀疑神的存在,并且试图用你的言语来证明。你活在这个美丽的地球上,到处都充满了让人知道神的永存的证据,但你却一直把眼蒙起来,宁愿不看清清楚楚彰显出来的神的大能和神性。相反,你活着就好像没有神,而且要是你能够给自己很确定地证明神并不存在,那你会很高兴。也许你经年累月过着这样的生活,似乎对这样的生活方式习以为常。如果"罪人"这个标签对你很合适,神根本就与你的人生无关。这个标签适合于你,是不是?

你也许可能是另外一种人。也许你定期地参与所有宗教仪式,但那只是徒有其表,你的心其实并不在那里。尽管你曾和属神的人在一起,你自己却从来没有遇见过神。你曾参加唱诗班,用你的口赞颂神,但并未用你的心。你过着一个心里并不真爱神的生活,也无视他对你日常生活的指示。所以,你实际上仍然过着一个罪人的生活。

如果你觉得上面所说任何一项能符合于你,你就正是那种人,而这个好消息就是送给你的——这个福音说,神称罪人为义。这个好消息不仅非常奇妙,而且感谢神,你可以得到它。如果你是一个有心人,你就可以看到神奇异的恩典,这恩典是他给与像你这样的一个人的。你会对自己说,"称我这样一个罪人为义!为什么我能被称义而且马上就被称义呢?"我全心全意地希望你会接受它!

神的救恩是为了那些不配得的人,他们无法使自己准备好或使自己好到能够配得这救恩。这个说法虽然听起来有些古怪,却是有道理的,因为需要被称为义的人正是那些无法自己称自己为义的人。我们所有的人都包括在内。因为只有完全是义的人才不需要被称为义。

你也许觉得你在履行你的宗教义务,而且这样一种生活方式使你感到好像天堂有义务让你进去。如果是那样的话,你怎么会需要一位救主或怜悯?你怎么会需要被称义?如果你是这么生活的话,也许你已经对我的书感到厌倦了,因为你对此毫无兴趣。如果你这么骄傲的话,请听我再说几句。你所信靠的那些在永恒里是毫无价值可言的,因为当你只将自己的所作所为看为是你的义时,你只是在自欺欺人而已。当然你还活着,但你已经失丧了,因为圣经不能说谎,而它说得很明白,"时常行善而不犯罪的义人,世上实在没有"(传7:20)。

> 对于自义的人我没有福音传给他。

无论怎样,对于自义的人我没有福音传给他。我这么说是因为耶稣基督没有来呼召义人,而我不会做他没有做的事。如果我召唤你接受真正的福音,而你却觉得你已经是个义人,你是不会来的。因此,我不会为了召唤你而降低标准,那标准就是独独属于耶稣的道德品质。不,相反,我会告诉你,盯着你自己的义看吧,直到你觉察到那无非只是幻觉,甚至不如那一捅既破的蜘蛛网。把它扔掉吧。离它越远越好。

唯有那些深知无法靠自己行为来称义的人,才需要被称义(参加2:16)。唯有被称为义,才使他们在神的审判座前站的住(参弗2:8)。主只做必需做的事,在他无限的智慧中,他从来不去尝试不需要的事。要让主去使一个已经是义人的人称义并非神的工作——那是愚昧人的事。但是让一个不义的人称义——那才是无限的爱和怜悯的工作。使罪人称义——这才配得上是神迹。

这么想一想。如果一位医生发现了一项被证明有效的宝贵的医治方法,那么这位医生会被派到谁那里去?难道他会被派到那些身体完全健康的人那里去吗?当然不会!如果他被派到一个没有病人的地区去,他就无所事事。"康健的人用不着医生,有病的人才用得着"(可2:17)。恩典和拯救——那伟大的医治正是为了那些有病的灵魂,这不是一清二楚的吗?这些"医治"不能是为了那些在灵里面完全的人,因为这些对他们毫无用处。

如果你觉得你的灵魂有病了,这位医生(耶稣)来到这个世界就是为你而来的,因为"人子来,为要寻找、拯救失丧的人"(路19:10)。如果因为罪,你已是一塌糊涂了,你就正是救恩计划所预定的目标。当神在安排恩典的机制时,慈爱的主正是将像你这样的人放在他心里。假设一个具有慈善心肠的人决定豁免所有欠他的债务,那么只有确实欠了他的债务的人才会被豁免。某人欠了一千块钱,某人欠了五十块。每一位都在他的欠条上写了"付清",负债全被免除。但是即使是最慷慨的人也不能免除根本没有欠他的人的债务。即使是无所不能(omnipotence)的大能也不能赦免无罪,因为你如果没有罪,就不可能有饶恕。饶恕一定是为了有罪。赦免一定是为了罪人。谈论赦免那些无需赦免之人,饶恕那些从来没有犯罪的人是十分荒唐的。

你觉得因为你是个罪人,所以你注定是失丧了吗?这其实正是你可以得救的原因。因为你坦承你自己是个罪人,我鼓励你要相信恩典是为着你和其他像你一样的人。一位圣诗作者甚至大胆地说:

> 罪人是神圣之物;
> 圣灵造他如此。[1]

不错,耶稣来是"为要寻找、拯救失丧的人"。他的死为真正的罪人作了真正的代赎。要是人们真地很严肃地称自己为"悲惨的罪人"的话,我会十分高兴和他们见面。我会很高兴整晚和真正(bona fide)的罪人谈话,因为施恩客舍之门对这样的人是永不关闭的。我们的主没有为臆想之罪而死。从他心中流出的血洗净了我们最鲜红的污迹,那是没有任何别的东西可以洗去的。只有罪人才是耶稣基督来使他得洁净之人。

---

[1] 选自圣诗,作者约瑟夫·哈特(Joseph Hart, 1712-1768):*When Adam by Transgression Fell* (本书中如无特别说明,均为译注)

有一次，一位传道人就《路加福音》三章9节："现在斧子已经放在树根上"，讲了一篇道。他那天讲这篇道的方式和口气使得有一位听众之后对他说，"人们会以为你在给罪犯们讲道。你应该去郡的监狱讲这篇道。"

"哦，不，"这位传道人说，"如果我去监狱里讲，我不会讲这节经文。我会讲下面这节经文：'基督耶稣降世，为要拯救罪人。这话是可信的，是十分可佩服的'（提前1:15）。"律法是为了自以为义之人，使他们从骄傲中谦卑。福音是为了失丧的人，除去他们的绝望。

> 律法是为了自以为义之人，使他们从骄傲中谦卑。福音是为了失丧的人，除去他们的绝望。

要是你没有失丧，你对救主有何求呢？牧羊人会去寻找从来没有走丢的羊吗？那位妇人为什么要清扫房间，难道是找那并未掉出她钱包的钱吗？不，药是为了治有病的人。复活只对死人而言。宽恕是为了有罪，拯救是为了被捆绑。只有盲人的眼睛才需要被打开。除非相信人是有罪且该当被定罪，否则如何解释救主要死在十字架上以及赦免的福音？罪人才是福音存在的理由。

我的朋友，当我在这本书里讲这些话时，如果你离地狱不远或自觉已经够格下地狱的话，福音正是为了针对像你这样的人所安排并宣讲的。神称罪人为义。

我希望把这点讲清楚，而且希望我已经讲清楚了。不过，尽管这是很简单明了的，但只有主才能使人看到这一点。乍看起来这显得很奇妙，救恩真是为了一个失丧和有罪的人。我们会觉得,这一定是为了忏悔了的人,却忘记了,悔改是得救的一部分。有人会这么想,"我一定先要清洁我的生活,要做这做那。"所有这一切都对,因为他的生活将要改变,不过是作为得救的结果,而救恩是在他有任何得救的结果之前就临到他。救恩临到的时候,他只配得到这样的描述:赤裸的,贫穷的,卑贱的,令人厌憎的,一言以蔽之,他是罪人。当神的福音临到并称他为义时,他的全人就不过如此。

因此,我恳请所有读这本书的人,你们若认识到没有任何善在你们里面——你们也许想要有人在神面前为你们说几句好话,却在神面前深感自己不仅两手空空,甚至连一点好的自我感觉都没有——要坚定地相信恩惠的神能够且愿意接纳你们,神不仅无需任何他人的举荐,而是白白地赦免,不是因为你们有多么好,只是因为他自己是良善。他不是让他的日头照恶人也照好人吗?他不是赐予那些最邪恶的国家也有收获的季节,并且在适当的时候给他们雨水和阳光吗?就连所多玛也有阳光,蛾摩拉也有晨露。

神伟大的恩典超越你我的任何想象。天怎样高过地,神的意念也高过我们的意念(参赛55:8-9)。他能充充足足地宽恕。耶稣基督来到这个世界是为了拯救罪人。赦免是为了有罪的人。不要想涂描你的缺陷,让你看起来不是你实际的自我。相反,依你本相到他这里来,他称罪人为义。

不久之前,一位画家将他所住的城市的一部分画了幅画。为了保持历史真貌,他在画里保留了这个市镇人所共知的一些人物。当地人都知道有一个蓬头垢面,穿着破烂,臭烘烘的清道夫,画家给他在画里留了个适当的位置。画家对这位衣衫褴褛的人说,"要是你到我的画室来,让我给你画像的话,我会好好付钱给你。"清早,这个清道夫来了,但是画家马上就让他回去干自己的活去了,因为他给自己洗了脸,梳了头,穿了一身体面的西装。这幅艺术作品所需要的,是一个乞讨者而不是被邀请来扮作别的什么人。同样,福音将敞开门接受你进来,只要你作为一个罪人而来,而不是扮作别的什么人。不要等着直到你改变你的生活方式,马上就来得到救恩。神称罪人为义,而且就按你本相接纳你。他在你最糟糕的情况下遇见你并称你为义。

> 不要等着直到你改变你的生活方式,马上就来得到救恩。

你来的时候不要怕衣冠不整,我的意思是,带着你所有的罪和罪性到你天父跟前来。照你本相来到耶稣基督面前,你也许身患麻风病,肮脏,赤裸,求生不得,求死不能。来吧,你,造物中的垃圾。虽然你除了死不敢奢望什么别的,来就他吧。虽然绝望的浓云笼罩着你,像可怕的梦魇般向你压下来,来吧,请求主称又一个罪人——你,为义。他怎会不愿呢?神伟大的怜悯正是为了像你这样的人。

我直接使用了圣经的语言,因为我无法表达的比之更强烈。主神亲自使用这个称呼,神称罪人为义。那些按其本性是罪人的,他称他们为义并且按照他们是义人来对待他们。这难道不是奇妙的好消息吗?不要耽延,花时间好好想想这件事。

第二章

称义的是神

被称为义是多么奇妙的一件事——罪疚得赦免并得清除。如果我们从来没有违反神的律法，我们就不需要被称义，因为我们自己就是义。一个人如果一生都在行他当行之事，没有做任何一件他不应该做的事，按律法他就是义人。但是我很肯定你不是那种人。你是个很真诚的人，不会假装是个没有罪的人，于是，结果就是你需要被称义。不过，要是你尝试自己成为义，你就是在欺骗自己。所以，你不要尝试，根本不值得。

如果你请求别人称你为义，他们能做什么呢？你能给某些人一些小恩小惠，让他们说你一些好话，或让其他人少说你一些坏话。他们的判断其实一文不值。

我们引用的经文说，"称罪人为义的神"（罗4:5），这可是非同小可的断言，而且是一个令人吃惊，且是我们必须仔细思想的事实。首先，除了神以外没有任何人会想到要称罪人为义。他们曾经活在公开反叛,并双手犯下罪行的生活中。他们已经变本加厉,即使因着罪而受到伤害,并且不得不暂时离开罪,但最后他们还是回到罪中。他们违背律法并将福音践踏在脚下。他们拒绝了向他们宣告的怜悯,在罪中沉沦。他们怎能被赦免并被称义?

人们在他们的生活中有鉴于此,黯然地说,"没有希望了。"甚至基督徒看着他们,也是更多地感到难过而不是希望。但是神却不是这么看他们。他在万古之先就拣选了一些人,在他壮丽的拣选之恩典中,他注定要使他们称义,并在那位他所爱之中接纳他们。不是这么写道吗:"预先所定下的人又召他们来,所召来的人又称他们为义,所称为义的人又叫他们得荣耀"(罗8:30)?当你这么看时,你就知道,有一些人是神要使他们称义的。你和我为什么不应在其中呢?

除了神之外,没有人甚至会想到要称我为义。我自己都觉得奇怪,也不怀疑其他人恐怕也是如此看他们得到的恩典。想一想大数的扫罗[2],他出生于犹太人家庭,并拥有罗马公民权。他在当时最有名的教师伽玛列门下学习犹太律法,后来竭力反对神的仆人,要消灭早期的教会。他闯进信徒的家,把他们投进监狱。像一头饥饿的狼,他到处撕咬羊羔和羊,但是在他前往大马士革的路上神将他击倒在地,他那时正要去那里捆绑当地的信徒。神在那条路上改变了他的心,彻底地使他称义,以致没有多久他就成为有史以来最伟大的宣扬因信称义的传道人。

---

2 见《使徒行传》第九章。　- 原注

称义的是神

扫罗把他的名字从希伯来人的名字扫罗改成外邦人的名字保罗,神差派他给外邦人传扬福音。他一定常常会感到惊叹,他居然在基督耶稣里被称义,因为他曾经是死心塌地固守惟因守律法而得救的一个人。除了神以外,没有一个人会想到要称像扫罗这样的一个逼迫者为义,但是主神在恩典中得荣耀。

哪怕就是有人想到要称罪人为义,除了神以外,也没有人能这么做,因为一个人不可能赦免没有犯下的反对他们的罪行。不错,你可以饶恕一个以某种方式伤害到你的人,而且我也希望你这么做,但是除了你自己,没有任何一个第三者可以饶恕那个侵害了你的人。如果发生了什么错待你的事,赦免必须来自于你。不过,所有的罪都是反对神,如果我们得罪了神,唯独神有权力赦免,因为是得罪了他。这就是为什么在《诗篇》里,大卫说,"我向你犯罪,唯独得罪了你,在你眼前行了这恶"(诗51:4)。神能赦免罪,因为这罪是冒犯了他。

如果他喜悦,我们伟大的创造主能够赦免我们欠神的债务。而且如果他赦免,这债务就免除了。除了伟大的神以外,没有人能够涂抹我们反对神的罪。因此,让我们确定,我们要到他面前,寻求他的怜悯,不要被那些要我们向他们而不是向着神忏悔的人所误导。他们如此自吹自擂却并无从神话语而来的任何权威。即使他们得到这种委任,可以以神的名义宣布宽赦，我们最好还是经由耶稣基督这位中保，直接到伟大的主那里去，在他那里找到饶恕。最好是你自己关切你的灵魂，而不要把你的灵魂放在他人手里。

只有神可以称罪人为义，而且可以很完美地做到。他把我们的罪扔在身后，将它们涂抹，他说即使我们想找，也找不见（参赛43:25）。仅只因着神自己无限的良善，他预备了荣耀之法，将像朱红般的罪变成白如雪（赛1:18），并且，东离西有多远，他也叫我们的过犯离我们有多远（诗103:12）。他说，我"不再记念他们的罪愆"（来8:12）。他做一切需做之事来了结罪。一位老先知在惊诧中喊着说，"神啊，有何神像你？赦免罪孽，饶恕你产业之余民的罪过。不永远怀怒，喜爱施恩"（弥7:18）。

> 让我们确定，我们要到他面前，寻求他的怜悯，不要被那些要我们向他们而不是向着神忏悔的人所误导。

我们在此不是在谈论公义，也不是在谈论神按照给予人奖赏来对待人。如果你同意在和公义的神打交道时需要根据律法，那你就会在永远的忿怒之下，因为根据律法，那才是你当得的。"他没有按我们的罪过待我们，也没有照我们的罪孽报应我们"（诗103:10），而眼下他正照着白白的恩典和无限的恩慈对待我们。他说，"我必医治他们背道的病，甘心爱他们"（何14:4）。

要相信。伟大的神能够以丰富的怜悯来对待有罪之人，这既真实又确实。他能够对待那些罪人，就好像他们一直在敬虔度日似的。仔细地读一读那浪子的故事（参路15:11-32），你就能看到那位饶恕的父亲如何接纳回家的浪子了；他的爱是那么大，就好像那个儿子从来就没有离开过他，也从没有和那些妓女厮混过似的。那位父亲显示出怜悯的极致，以致使得那大儿子开始抱怨。但这位父亲从未收回他的爱。

我亲爱的读者，不论你的罪疚感有多深，如果你以在耶稣基督里的信心来就近神我们的父，他会像你从来没有犯过错那样来对你。你难道没有看到，神会想到要称罪人为义，那是多么了不起的事吗？你怎么说呢？

我想很清楚地再重复一下。除了神，没有人能这么做，而神仍然在这么做。看一看使徒保罗怎么发问："谁能控告神所拣选的人呢？有神称他们为义了"（罗8:33）。如果神称某人为义，那就做成了，做对了，做全了，而且是永远做到。

我在一份杂志上读到一篇反对福音和传福音者的声明。这声明说，基督徒持有某种理论，即我们想象可以把人的罪消除。让我们清楚表明。我们并不持有什么理论，我们宣称这是事实。天底下最伟大的事实就是，基督，凭着他的宝血，实际上废除了罪；而神，因着基督的缘故，以神性之怜悯待人。神赦免罪人并称他们为义，不是按照他在他们身上所见或将见，只是按照他自己心中丰富的恩慈（弗2:7）。这是我们曾经传扬，现在传扬，只要一息尚存将继续传扬的。"称人为义者是神"（罗8:33），他称罪人为义。他既没有以此为耻，我们自然也不以传此为耻。

称义来自于神是毫无疑问的。如果法官判我无罪，谁能定我的罪呢？如果这宇宙之中最高的法庭宣布我为义，谁能为任何事指控我呢？"谁能定他们的罪呢？有基督耶稣已经死了，而且从死里复活，现今在神的右边，也替我们祈求"（罗8:34）。一个苏醒的良心有了由神而来之称义就足够了。圣灵将平安吹进我们全部身心，我们不再害怕。有了这个称义，我们能够回答撒旦和罪人所有的大喊大叫和侮辱性语言。有了它，我们能够死且无畏地复活，并面对最后的大审判——无罪。

在那个大日子，我可以勇敢地站立：

> 谁能指责我？
> 我主已开赦，
> 我今脱离罪，
> 它巨大之咒诅和责备。
>
> （- Zinzendorf[3]）

主可以涂抹你一切的罪。我这么说的时候不是在无的放矢，因为神的话语这么说，"人一切的罪和亵渎的话都可得赦免"（太12:31）。尽管罪恶已经淹到你的脖颈，但只要他一句话即可除去污染你的罪，他说，"我肯，你洁净了吧"（太8:3）。主是伟大的饶恕者。"我信罪得赦免。"[4]你呢？

他甚至可以在此刻宣布，"你的信救了你，平平安安地回去吧"（路7:50）。他如这么做了，无论天上地上或地下，

---

[3] 选自查理斯·斯尼帕编辑之圣诗选集（Charles B. Snepp, ed., *Songs of Grace and Glory for Private, Family and Public Worship* (London: W. Hunt & Co., 1872) -原注

[4] 参见《使徒信经》 -原注

没有任何力量可以让你继续是罪行的嫌犯,更不要说在忿怒之下了。不要疑惑大爱之能。要是你周围的人像你得罪了神那样得罪了你,你是无法饶恕他们的,但是不要用你自己来量度神。他的意念和道路远远高于你——正如天高于地那样(赛55:8-9)。

你也许会说,"要是主能赦免我,那可真是一个大奇迹。"不错,那将绝对是一个神迹,而且他很有可能这么做,因为他行"你所不知道、又大又难的事"(耶33:3)。

就我个人来说,我陷于那种可怕的罪恶感中,以致我活得很凄苦。但是当我听到那个命令,"地极的人都当仰望我,就必得救,因为我是神,再没有别神"(赛45:22)。我仰望他,就在那一瞬间,主称我为义。在我看着他时,我看到耶稣基督为我成为罪,而那个景象使我得安息(太11:28)。

> 要是你周围的人像你得罪了神那样得罪了你,你是无法饶恕他们的,但是不要用你自己来量度神。

在旷野里,当那些被火蛇所咬之人仰望铜蛇时,他们马上就得到医治(民21:9)。我也是如此仰望被钉十字架的救主。那使我可以信的圣灵通过信心给我平安。在此之前,我感到被定罪,但一旦我信了,我毫不怀疑我得到了赦免,因为神的话语如此宣告。我曾很确定我一定会被定罪,而我的良心也这么证明。但是当主称我为义后,同样的证明也证明我称义了。主的话语在圣经里说,"信他的人不被定罪"(约3:18),我的良心见证我信了,并且是公义的神赦免了我。结果我有圣灵和我自己的良心互为见证（罗9:1）。哦，我是多么希望你接受神在此事上的宣告，这样一来你也马上可以亲自做这个见证。

我敢说，一个被神称义的罪人比一个靠自己的行为称义的人脚下站立得更稳，如果有这么一个靠行为称义的人的话。因为我们永远也不能确定我们所做是否足够，而且我们的良心也总是不安，总在担心我们是不是欠缺了什么。人的裁决是不牢靠的，我们不能依靠。但是当神称我们为义而且圣灵为此作见证——使我们与神和好，我们因此就感到这是确定和已经解决了的事，我们"得以进入那安息"（来4:3）。没有任何口舌能够解释那内心深处的平静，这是灵魂得到"神所赐出人意外的平安"（腓4:7）。

> 那使我可以信的圣灵通过信心给我平安。

第三章

义和称义者

我们已经看到,罪人被称义,并且讨论了只有神才能够使人称义这个伟大的真理。现在我们要再进一步问这个问题,一位公义的神怎么会使有罪之人成为义?我们可以从保罗《罗马书》第三章如下的经文中找到答案:

"神的义在律法以外已经显明出来,有律法和先知为证,就是神的义因信耶稣基督加给一切相信的人,并没有分别。因为世人都犯了罪,亏缺了神的荣耀,如今却蒙神的恩典,因基督耶稣的救赎,就白白地称义。神设立耶稣做挽回祭,是凭着耶稣的血,借着人的信,要显明神的义。因为他用忍耐的心宽容人先时所犯的罪,好在今时显明他的义,使人知道他自己为义,也称信耶稣的人为义。"(罗3:21中-26)

若你允许的话,我愿意在此和你分享一点儿我个人的经历。在圣灵感动下,我认了自己的罪,我很清楚也敏锐地感受到神的公义。罪,无论它对别人如何,对我则是不可容忍的重担。与其说我害怕地狱,更不如说我恐惧罪。我知道我自己罪孽深重,而且觉得即使神没有惩罚我的罪,他也不会不定我的罪。

我坐在审判席上给自己定了死罪。我承认,如果我是神的话,我要做的就一定是把像我这样有罪的受造物打入十八层地狱之下。当我经历这些时,我也十分关切神的名誉和他指引我的心思的道德完整性。如果神饶恕了我,而他的饶恕竟违背了他的公义,那么我的良心就无法接受这种饶恕。我犯下的罪一定要受到惩罚。神怎么能既是公义却又称我——一个罪人为义?我一直为此挣扎。我扪心自问,"他怎么能既是公义又是称义者呢?" 我无法找到答案,我对这个问题感到焦虑以致身心疲惫。当然了,我绝不会允许自己想出一个答案只是为了满足我自己的良心。

> 我承认,如果我是神的话,我要做的就一定是把像我这样有罪的受造物打入十八层地狱之下。

据我看来,可以说代赎的教义最可靠地证明了圣经是神所默示的。对于那些不知道这代赎的教义的读者,它是说基督耶稣为我们的罪死在十字架上(参林前15:3)。以这样一个方式,他满足了旧约里面规定的献祭制度并重建了我们与神的关系,也永远改变了我们的生命。谁会或者能够想到,公义的统治者会为了反叛的罪人而死?这教导可不是什么人编造的神话或天马行空的诗意想象。为罪行赎罪——对冒犯进行补偿从而免除了罪疚,冒犯者本应为其罪行而受到惩罚,但这惩罚却被免除——人们知道这样一个行动只是因为这是事实。小说绝不会这么去构思,是神亲自定规了这事。

自从年青时起,我就听到过救恩计划是借着耶稣的牺牲,但在内心深处,我不理解或不懂得,我比起一个出生并成长于野蛮和不信的环境中的人好不到哪里去。真理之光在圣经里,但我是眼瞎的。我需要主开启我。当主这么做了时,对我就像全新的启示,这是如此新鲜,好像我从来没有读到过似的,耶稣被称为罪的挽回祭或赎罪祭,神因此而为义。

每一位神的新生儿都接受这样的启示——主耶稣作为替代的荣耀教义。我逐渐明白了,拯救之所以成为可能,是通过替代性的牺牲,而唯有神的儿子——与父同等并同永恒——将自己献上作了这个替代才能使其成就。按照应许,他已经成为从起初即被拣选的人之首,因此他可以为他们受难并拯救他们。想到我们从神之道上坠落从起初就并非个人之事,因为罪开始于我们的先祖,第一位的代表亚当;我们也知道,藉着第二位代表,耶稣,我们可以被复兴——从罪得救——因为他愿作他的子民的恩约之首,成为他们的第二个亚当。"经上也是这样记着说:'首先的人亚当成了有灵的活人';末后的亚当成了叫人活的灵。"(林前15:45)

我认识到,在我实际犯罪之前,因着我的第一个祖先的罪,我的本性就已经堕落,在灵里面死了。我感到喜悦的是——根据圣经的事实和证据——藉着第二位元首和代表，我得以活过来。亚当的堕落留下了一个可借以逃脱的空子。另一位亚当——末后的亚当——可以修复第一位所造成的破坏。尽管对于公义的神可以饶恕我的罪这个可能性心怀忐忑，但我因着信也理解并认识到，这位末后的亚当就是耶稣，神的儿子降世为人。他在十字架上以他当被称颂的身体担当了我的罪。我本当受到惩罚，因为"罪的工价就是死"（罗6:23），但这惩罚落在他身上。靠着他的鞭伤，我得到医治，"因为唯有神的恩赐，在我们的主基督耶稣里乃是永生。"（罗6:23）

> 耶稣为我们而经受了死的刑罚。

那即是神向我显示的。你可曾看到这一点吗？你可曾理解，神如何既是完全公义，并不取消或减少刑罚，却又是无限怜悯，能够称那转向他的罪人为义吗？这成为可能只因为神的儿子，在他无可比拟的位格之至高的荣耀中，他担当了本应给我的刑罚，满足了律法，并使我脱罪。因此神可以略过我的罪。即使所有的罪人都受到刑罚而被送进地狱，也不能像基督之死那样成全了神的律法。相对于整个人类在罪中受苦，神子为罪受苦更为荣耀地建立了神的主权。

耶稣为我们而经受了死的刑罚。你可见到这里的奇妙吗？看他被挂在十字架上！在你所能见到的一切情境中没有哪一个比这个更为重要了。神子和人子作为同一个人被挂在上面，承受着无以言说的苦痛——"义的代替不义的"——为了将我们引到神面前（彼前3:18）。

哦，这情景是何等荣耀！无罪者被惩罚。圣洁者被定罪。

永远的祝福成为咒诅。无限荣耀的主在我的地位上,在你的地位上,屈辱地受死。我越是定睛看着神子受难,我就越更加坚信,我的问题已经得到解决。若非为了让我们转离罪的刑罚,他为什么受难?因此,若是他的死使我们转离了罪,那么罪就一定不再在那里了。凡信他的人不需要再害怕,因为罪已经得赎,神不需震动他宝座的根基,也根本不会使律法蒙羞,就可饶恕我们。我们良心提出的那个巨大的疑问得到解答。

不管我们的罪是什么,神对罪的愤怒远过于我们所能想象。摩西说得很好,"谁晓得你怒气的权势?"(诗90:11)可是,当我们听到荣耀的主大声喊叫,"为什么离弃我?"(太27:46)并看到他交出他的灵魂时,我们感到,这样一位神圣之人,以如此完全和残酷之死,表现出的顺服,就充充足足满足了神的公义。如果神亲自降伏于他的律法,他还能做什么呢?代赎绝非仅仅作为功德的手段,它远远过于一切人类之罪所当得之责备和刑罚。

> 如果你相信耶稣(那正是要点),他就已将你的罪挪去了。

耶稣牺牲自我之爱的深渊可以吞进我们的罪的高山——我们罪的全部。因着这位人类代表的无限良善,不论他们是多么不配,主神仍可以恩慈看待他们。主耶稣基督愿意站在我们的地位上,并且"他承担,我们则永远不必,那全能者的怒火"[5],这是一切奇迹之中最大的奇迹。

---

5 约翰·尼尔森·达比(John Nelson Darby):《为一小群羊准备的圣诗》, ed. *Hymns for the Little Flock* (Oak Park, IL: Bible Truth

但是他这么做了。"成了！"（约19:30）神将宽恕罪人是因为他没有宽恕他的儿子。神可以忽略不记你的罪因为他已在两千年前将那些罪放在他独一爱子身上。如果你相信耶稣（那正是要点），那么作为他的子民的替罪羊，耶稣已将你的罪挪去了。

什么才是相信他呢？不是仅仅说一句，"他是神和救主"而已。相信他意味着我们必须完全彻底地信靠他。你必须从现在起就接受他作为你完全的拯救并以他为你永远的主，你的主人，你的全部。如果你接受耶稣，他其实已经接纳了你。如果你相信他，你不会下地狱，因为若是那样，基督的牺牲就没有功效了。为那个灵魂献上的祭牲已被接受，但那个灵魂却仍旧会死，那样的事是绝不可能的。

如果一个相信的灵魂仍旧被定罪，那么为什么要献上祭牲呢？要是耶稣为我而死，为什么我还会死呢？每一个相信的人都能宣称那个祭牲实际上是为他而献。他以信心紧紧抓住它并将其归己。其结果就是，他可以确切地知道他永远不会灭亡。神不会接受这个为了我们献上的祭牲却仍旧把我们定了死罪。神不能宣布了用他儿子的血所写对我们的赦免却仍旧把我们消灭。那是不可能的。我为你祷告，愿你立即接受给你的恩典并且以耶稣为一切源头之始——耶稣是一个有罪之人得怜悯之源。

他称不义的为义。神是那位称他们为义者，惟因此，这件事就只能通过神的儿子替代性赎罪的牺牲才能成就。也因

Publishers, 1881), Section 3.　　　　-原注

此，此事可以公义地成就——如此之公义以致没有任何人能够对此质疑。此事是如此彻底地完成了，在末日，即使天地都要废去，也不会有一个人能够否认称义的功效。"谁能定他们的罪呢？有基督耶稣已经死了，而且从死里复活，现今在神的右边，也替我们祈求。"（罗八34）

你是否愿意照你的本相上到这只救生艇来？在触礁时，它将给你安全。接受这无可争辩的救赎。你说，"我一无所有，"但是并没有要求你带任何东西来。逃生的人连自己贴身衣服都顾不上。照你本相，跃向拯救。

我告诉你我自己的经历是要鼓励你。我能够上到天庭唯一的希望就在于加略山上的十字架，那是为罪人完全的救赎。我坚定地依靠它。我没有看到在别的任何地方有一丝希望的影子。你也在同样的境况中。你和我在自己都没有丝毫值得信赖之处。让我们手牵手，一起站在十字架脚下，将我们的灵魂马上并完全地交托给他，他为了我们的罪孽流出宝血。我们将被这同一位救主拯救。我向你传扬这个福音，我还能做什么来证明我自己对这福音的信心呢？

第四章

关于从罪得救

有些人虽然理解因着以信心相信耶稣基督而被神称义的方法,却仍然过着在罪中挣扎的生活,我想要在这里和这些人清清楚楚地谈谈。除非我们成为圣洁,我们永不会感到幸福,平安或有健康的灵命。要成为圣洁,我们必须除掉罪,但是我们如何才能完成这样一个不可能的任务呢?

对于许多人来说,这是一个生死之间的问题。老的本性仍然非常强大,你试着要遏制和驯服它,却发现它就是不能被制伏。你非常急于要做得更好,结果却是更糟。心是如此坚硬,意志是如此顽固,脾气是如此狂躁,思想是如此易变,想象放荡不羁,欲望桀骜不驯,以致你觉得你不是在神管控之下,而是似乎有一窝野兽在你里面,它们要活活将你吞食。

说到我们堕落的本性,就如神对约伯谈到那个巨大的海兽鳄鱼(leviathan),"你岂可拿它当雀鸟玩耍吗?岂可为你的幼女将它拴住吗？"（伯41:5）一个人想要凭己力来控制在他堕落本性里面那野性的力量就如希望用空手掌抓住北风似的。这可是比闻名遐逸的大力神赫拉克勒斯（Hercules）所做更伟大的壮举。因此，需要神。

有人也许会说，"我相信耶稣会赦免罪，但我的问题是我又犯罪了。在我里面，我感到如此可怕的干坏事的倾向，就好像往天上扔一块石头，转眼就会落地，罪与我也是如此。听了诚挚的讲道好像把我送上了天堂，但我总是又回到那个硬着心肠的状态。可悲的是，我很容易对罪感到兴奋。就好像我落在一个魔咒之下，无法从我自己的愚昧中逃脱。"

> 我们希望既被饶恕也被洁净。

如果这是你的挣扎，鼓起勇气来。要是救恩没有对付我们在这个方面遭到破坏的状况的话，那这个救恩岂不是可悲的不完全。我们希望既被饶恕也被洁净。称义（即被成为义）而无成圣（成为圣洁）并非得救。这就好像宣布一位大麻风病人已经洁净了，却任他死于疾病。这也好像赦免了一个反叛者，却任由他继续与王为敌。这也是免除了结局却无视原因，于是我们就在做无止境和无盼望之工。它可以暂时阻止罪的溪流，却任由污秽之源头敞开，或早或迟，它就会以更强的力量一泻而出。

记住，主耶稣来，以三种方式除罪。他来使我们脱离罪的刑罚（penalty），罪的权势（power）和罪的同在（presence）。你可以马上进入第二种状态，立即击破罪的权势，于是你就在前往第三种状态的路上了——即脱离罪的同在。我们"知道,主曾显现是要除掉人的罪"(约壹3:5)。

天使论到我们的主说,"你要给他起名叫耶稣,因他要将自己的百姓从罪恶里救出来"(太1:21)。我们的主耶稣是来摧毁在我们里面的魔鬼的作为。这同一件事,既在我们主降生时亦在他死时宣布。当兵丁刺伤他的肋旁时,有血和水流出来,那就表明双重医治,我们从罪疚和罪的污秽中得救。

不过,你如对于罪在你生命中的力量和你本性的倾向感到困扰的话——你确实应该这么感觉——这里就有一个给你的应许。相信这个应许,因为它建立于恩典之约的坚实基础上。神不能撒谎,他曾经说道,"我也要赐给你们一个新心,将新灵放在你们里面,又从你们的肉体中除掉石心,赐给你们肉心。"(结36:26)。

你看,全是在说我要,我放,我给,和我除掉。这就是万王之王的皇家风范,他有能力做成他意旨要做之事。他意旨的话语没有一句落空(参撒上3:19)。

主完全知道你无力改变你自己的心,你无力洁净你的本性。但他也知道他却可以做这两件事。他可以让埃塞俄比亚(或译伊索比亚)人改变皮肤颜色,豹子改变身上的花斑。请仔细听,你会感到惊讶吧:他可以再造你。他可以使你重生。这是恩典的奇迹,圣灵将施行这个奇迹。尽管眼下尼亚加拉河水正以令人惊叹的力量从悬崖上冲下来,但是如果有一个人可以站在尼亚加拉瀑布下面,说上几句话就让这汹涌直下的尼亚加拉河水回转向上，使那激流跃起向那巨大的悬崖上面扑去，这不是一个奇迹吗？除了神的大能，没有什么别的可以成就这样一个奇观。

要是你的本性所循也能够完全翻转，那就正像这个尼亚加拉瀑布的例子。在神，一切都能。他可以扭转你的意愿的方向和眼下生活的趋势。不是一路向下——离开神，相反，他可以使你全人都有一个向上，向着神流去的趋势。事实上，这正是主所应许要为所有在圣约里面的人做的。

> 让他来更新你，你就会被更新。

通过圣经，我们知道所有信徒都在这个圣约之中。让我再次分享这些话语，"我要使他们有合一的心，也要将新灵放在他们里面，又从他们肉体中除掉石心，赐给他们肉心。"（结11:19）

多么奇妙的应许。基督耶稣答应了，我们可以为着神的荣耀说"阿门"。让我们抓住它，接受它是真理，并应用于我们自己。于是它可以在未来的日子和年月在我们身上实现，我们可以为着这奇妙的改变而歌唱，这改变是全权恩典的神在我们里面做成的。

想一想。当主把那石心挪去，这个事即成就了。而这事一旦成就，没有任何已知力量能够把他给予的新心和他放在我们里面的正直的灵夺走。"因为神的恩赐和选召是没有后悔的"（罗11:29）。这个"没有后悔"是在他这一面。他不会改变他的心意。他从不拿走他已经赐下的。让他来更新你，你就会被更新。人自己要改变的决心，他们清理自己生活的努力转眼就会过去，"愚昧人行愚妄事，行了又行，就如狗转过来吃他所吐的"（箴26:11）。但是当神把一个新心放在我们里面，这将是一个完全彻底的新心。

举个简单的例子，你听说过柔蓝德·希尔（Rowland Hill）描述的一只猫和母猪的故事吗？我在此想用自己话来叙述这个例子，以说明我们的救主非常重要的话语："人若不重生，就不能见神的国。"（约3:3）

你看到那只猫吗？她多干净呀。她很聪明，用舌头和脚掌来把自己洗干净。这是一幅吸引人的画面。你可曾见过一头母猪这么做过吗？没有，从来没有过。这么做违背了它的天性。它更喜欢在污泥坑里打滚。你去教一头母猪洗净自己，看看你能不能成功。要是猪能够干净那可是公共卫生方面一大进步，但是教它们自己洗干净自己，好像猫那样，将是纯粹无用功。你可以勉强去清洗那头猪，但它马上就会跑回泥坑，像过去一样令人作呕。你要想让一头猪也能自己清洗自己，除非把它变成一只猫。那样的话，它就会洗干净自己了，不过绝不会在这之前。假设真有这样一个改变发生，那么曾经困难或不可能之事就会变得容易了。从此，猪将适于进入你的客厅，并躺在壁炉前的地毯上。

一个有罪之人也是如此。你不能强迫他们做一个更新的人自愿去做的事。你可以教导他们，并给他们一个好的榜样，但是他们不可能学到圣洁的艺术，因为他们没有如此行的心意。他们的本性引导他们走另外一条路。当主把他们重新造成新人后，一切就都不同了。这样一个改变是如此重大，我曾听到一位归正者这么说，"若不是整个世界都改变了，那就是我完全改变了。"新的本性很自然地跟随正道，就如老的本性在邪道上游荡一样。领受这样一个新的本性是多么大的祝福。只有圣灵才能给与。

你可曾感到震惊，主给予一个人新的心和义的灵，这是何等奇妙的事啊？也许你曾经见过一只龙虾和另外一只龙虾争斗，结果失去了一只钳子，新的钳子后来长出来。这是很了不起的事，不过，一个人可以得到一个新心，那可是更加不得了的事。这是远超过大自然的能力的奇迹。

你要是砍掉一棵树的一根树枝，另外一根会在原来的位置上长出来。但是你能改变一棵树吗？你能让酸树汁变甜吗？你能让荆棘结无花果吗？不能。但是你能用某些更好的东西给它嫁接。这是自然就恩典的工作给我们的象征，但是要绝对改变对一棵树至关重要的树汁，那可就真是奇迹了。神的大能在所有相信耶稣的人身上行了出来的就正是这样的奇迹和奥秘。

窃贼变得诚实，醉鬼已经清醒，满口谎言者只讲实话，嘲笑者大发热心。

你如果将你自己交托给神之圣工，主将改变你的本性。他将制伏你老的本性并将新生命注入你。信靠主耶稣基督，他将把那个石心从你的肉体拿走，给你一颗柔软的肉心。哪里一切都严酷，那里一切都变温柔。哪里一切都是恶毒，那里一切都成良善。哪里一切都随波逐流，那里一切都主动地奋发向上。愤怒的狮子将给温柔的羊羔让路,污秽的乌鸦将在纯洁的鸽子面前逃窜。龌龊的谎言蟒蛇将被践踏在真理足下。

我亲眼看见这么多在道德和灵性品性方面好得不得了的转变,我深知没有一个人是毫无希望的。如果合宜的话,我要提到某些妇女,她们曾经是放荡的人,但是现在纯洁得犹如飘落的雪花。我也可以指出某些男人,他们曾经是亵渎者,现在他们专注于献身基督因而令他们周围的人感到愉悦。窃贼变得诚实,醉鬼已经清醒,满口谎言者只讲实话,嘲笑者大发热心。"因为神救众人的恩典已经显明出来, 教训我们除去不敬虔的心和世俗的情欲,在今世自守、公义、敬虔度日。"(多2:11-12)亲爱的读者,同样的事也会发生在你身上。

你说,"我无力作这种转变。"谁说过你能?我们刚刚引用过的圣经并不在说人可以做什么,而是关于神会做什么。这是神的应许,也是靠他来成就。你如信靠他能成就他对你讲的话,这就能成就。

"但是,这怎样才能做成呢?"你问。

这与你有何相关?在你相信之前,难道主必须要给你解释他的方法吗?在这件事上,主的作法是伟大的奥秘。圣灵实施此事,这是属灵的事,不是属物质的事件。既然应许了,那位应许者不仅有责任也有能力持守之。神既然应许了这样一个奇妙的改变,不论是谁,只要接受他,他就一定会在他们身上实施,因为"凡接待他的,就是信他名的人,他就赐他们权柄做神的儿女"(约1:12)。

我为你愿相信而切切祷告——愿你以公正之心对待赐恩惠的神，相信他不仅可以也愿意为你行这伟大的奇迹。我的祷告是，你愿意相信，神绝不能说谎。为一个新心和正直的灵来信靠他，因为他能把这两样都给予你。愿主赐予你对他的应许的信心，对他儿子的信心，对圣灵的信心，并且对神自身的信心，愿颂赞，尊贵和荣耀都归于他，直到永远，阿门!

第五章

本乎恩，因着信

我想，最好也许应当暂时转移到另外一面，请读者们以崇敬之心考察源头——得救的源头，即神的恩典。"你们得救是本乎恩。"因神是恩慈，罪人得到赦免，归正，得洁净，并得救。这并非因他们有什么或会有什么，或他们已经做了什么或会做什么以致他们可以得救。这只是因为神无止境的爱，良善，同情，怜悯，和恩典。在这井口旁再流连片刻。看那，这生命之水纯净的河流，它从神和羔羊的宝座流出。

"你们得救是本乎恩，也因着信。"（弗2:8）

有谁能够衡量神恩典的宽广？有谁能够测透它之深？就如神其他的属性，他的恩典是无限的。神充满了爱，因为神就是爱（约壹4:8）。神充满了良善。神（God）这个名字本身就是善（good）的缩写。无限的良善和爱进入神性之心，因为"他的慈爱永远长存"（诗136:1）。人不致被消灭，是因为"他的怜悯不至断绝"（哀3:22），相反，罪人被带到他面前得到赦免。

请记住这点，否则你会犯下错误把你的注意力过多地放在信心上，那只是救恩的渠道，你却忘记了恩典才是甚至信心自己的泉水之源。信心是神的恩典在我们里面做的工。若不是被圣灵感动，没有人能说耶稣是基督（参林前12:3）。"基督也曾说过，'若不是差我来的父吸引人，就没有能到我这里来的。'"[6] 因此，那引人来到基督面前的信心是神吸引的结果，它把我们拉向父。恩典是得救的最初也是最终动因，而信心，尽管不可或缺，却只是一部机器上重要的一个部件，经由恩典来使用。我们得救是因着信，但得救却是本乎恩。如同用天使长的号角宣告那样来大声宣扬这些词语：你们得救是本乎恩。对于不配的人，这是多么让人高兴的消息啊！

> 因着信，一切对我们都变得可能，但能力并非在信里面，而是在于神，信也依赖于神。

信心就像渠道或引水管那样，而恩典是泉水和溪流。信心是引水槽，施恩之大水沿着它流过，解除人的干渴。引水槽要是破裂了，自然是很可叹之事。看到罗马四周那些宏伟的引水槽不再能将水引进城里，因为支撑它们的拱券坍塌，那些让人赞叹的结构遭到破坏真是令人痛心。引水槽必须保持完整和没有损坏才能输水，信心更是如此，

6　马丁·路德（Martin Luther），《马丁·路德的日耳曼神学》（*The Theologia Germanica of Martin Luther*）（1516）. -原注

它必须坚定地建立于真理之中才能将我们向上引到神面前，向下直到我们自己，以致它可以成为对我们的灵魂发生功用的施恩渠道。

再说一遍，我提醒你，信心只是渠道，并不是福分的最初源头。我们一定不要把信心看得高过神的恩典，而神的恩典才是一切福分的神圣源头。不要以为信心是你得救的独立来源。我们的新生命在于"仰望耶稣"（来12:2），而不是只注视我们自己的信心。因着信，一切对我们都变得可能，但能力并非在信里面，而是在于神，信也依赖于神。恩典是大能的发动机，而灵魂之车靠着信心的链条与其连接。信心之义并非是信之完美的德行，乃是耶稣基督之义，信心抓住它并紧抓不放。灵魂内里的平安不是来自于凝思我们自己的信心。平安是从耶稣基督临到我们，他才是我们的平安，信心摸到他衣裳的䍁子，而美善就出来并徐徐进入我们的灵魂。

因此要看到，你的信心软弱不会毁掉你。发抖的手仍然能够接受黄金的礼物。主的救恩能够临到我们，哪怕我们的信心就像一颗芥菜籽大小。能力在于神的恩典，不在乎我们的信。伟大的信息可以通过一根细细的电线来传递，赐平安的圣灵的见证可以通过一根线似的信心来到心坎上，哪怕它看起来似乎连自己的重量都支撑不住。多思想他，你看着的是他，而不要只想着"看"自己。不见其他，只见耶稣，他将神的恩典启示出来。

第六章

什么是信

在《以弗所书》2:8,我们读到"你们得救是本乎恩,也因着信",这里说的信是什么?信可有多种解说,但是我碰到的绝大多数解释都让我比之从前不是更明白,而是更糊涂。我们可以把信解释到没有任何人能够理解的地步。我希望我自己不要犯这个错误,因为信其实很简单。但是也许正因为它很简单,所以才很难解释。

什么是信?信由三件事组成:知识,相信和信靠。首先是知识。"未曾听见他,怎能信他呢?"(罗10:14)在我相信之前,我愿知道有关的事实。"信道是从听道来的"(罗10:17)。我们必须先要听到,于是我们知道我们要信的是什么。"认识你名的人要倚靠你"(诗9:10)。信基本上先要有一定程度的知识。因此,获得知识就很重要。"你们当就近我来,侧耳而听,就必

> 知道福音:知道这个好消息是什么。

得活"(赛55:3)。这是先知以赛亚说的,福音也仍然这么说。考察圣经,看看圣灵关于基督和他的救恩是怎么教导的。寻求认识神。"因为到神面前来的人必须信有神,且信他赏赐那寻求他的人"(来11:6)。愿圣灵赐予你知识之灵并敬畏主。首先要知道福音:知道这个好消息是什么,知道它如何谈到白白赦免和改变内心,被接纳入神的家,以及其他数不清的福分。

特别是要知道基督耶稣,神的儿子,这位救主,他以其人性与我们联合,却仍与神同为一体。因此,他可以在神和人之间作为中保——可以用他的手将罪人和全地的审判者连接在一起。努力地知道更多更多有关基督耶稣。在这一切之上,要努力知道基督牺牲的教义,因为得救的信心主要就是定睛在这一点上:"神在基督里叫世人与自己和好,不将他们的过犯归到他们身上"(林后5:19)。"要知道耶稣既为我们受了咒诅,就赎出我们脱离律法的咒诅,因为经上记着:'凡挂在木头上都是被咒诅的'"(加3:13)。深深饮于基督替代性工作的教义,因为一个罪人所能感受的最甜蜜的安慰就在于此,主"使那无罪的替我们成为罪,好叫我们在他里面成为神的义"(林后5:21)。信始于知识。

在此知识的基础之上,理智接下去要相信这些都是真实的。灵魂相信神听一个诚实的心灵的呼喊,福音出自于神,因信称义是伟大的真理,这真理是神在末世用他的灵所启示出来的。和理智与灵魂一起,心就相信,在事实上和在真理上,耶稣是我们的神和救主,人类的救赎主,是属他的子民的先知，祭司和君王。要接受所有这一切都是确定无疑的真理。

我祷告你能马上就接受这个真理并且坚定地相信"他儿子耶稣的血也洗净我们一切的罪"（约壹1:7），而且他为我们成了牺牲，他的牺牲是完全且被神悦纳，因此"信他的人不被定罪"（约3:18）。相信这些真理，因为一般的信心和得救的信心之不同主要就在于实施信的主体。相信神的见证就如你相信自己的父亲或朋友的见证一样。"我们既领受人的见证，神的见证更该领受了。"（约壹5:9）

至此，你已经在信心上取得了进步，但你仍然还需要一个成分来完成它——信靠。将你自己委身于施恩之神。将你的盼望置于恩慈的福音之中。将你的灵魂信靠那死了并活着的救主，他救赎之血将洗净你一切的罪。接受他完美的义，心灵得安宁。信靠是信心的血脉。没有信靠，就没有得救的信心。

清教徒们用一个词，"斜倚（recumbency）"来解释信心，这个词的意思是身体倚靠着什么东西。在说到信靠时，就是将你全部重量都靠在基督身上。一幅更好的图画是全身四肢伸开，躺在那万古磐石之上。将你自己投身于耶稣。在他里面安息。委身于他。你要是这么做了，你就施行了得救的信心。

信心不是闭起眼睛，因为信心始于知识。信心不是瞎猜，因为信心相信那些真实的事实。信心也不是不切实际，胡思乱想，因为信心信靠，并将其命运紧靠在启示的真理之上。

以上仅是描述信心是什么的一种方法。还有另外一种。信心是相信基督所说他是谁和他要做他所应许要做的，然后期待他会这么做。圣经说耶稣基督是神——神取了肉身。圣经说耶稣有着完美的品性，为我们做了赎罪祭，在十字架上用他自己的身体担当了我们的罪。圣经还说，他"止住罪过，除净罪恶，赎尽罪孽，引进永义"（但9:24）。

圣经的话语还告诉我们，他"死而复活了"（帖前4:14），他是"长远活着，替我们祈求"（来7:25），他升上荣耀中，而且为了属他的人而拥有天庭。圣经也说到，他很快会再来，"并要按公义审判世界，按正直判断万民"（诗9:8）。我们必须强烈地相信这一切都是真实的，因为父神为此作见证，他说，"这是我的儿子，我所拣选的，你们要听他。"（路9:35）圣灵之神也为此作见证，因为圣灵以其默示的言语，以各种神迹奇事，并以他在人心中作工为基督作见证。我们应当相信这见证是真的。

信心也相信基督会作他曾应许的。因为他应许说"到我这里来的，我总不丢弃他"（约6:37），那么如果我们到他这里，他就一定不会丢弃我们。信心相信，因为耶稣说了，"我所赐的水要在他里头成为泉源，直涌到永生"（约4:14），那这一定是真的。如果我们从基督那里得到这活水，它将住在我们里面，并将在我们里面形成圣洁生活的溪流。无论基督应许他要做什么，他一定会做。我们一定要相信这一点——我们一定要期待饶恕，称义，恒忍和从他手中得到永恒的荣耀，都是按照他曾对在他里面的信徒所应许的那样。

下一个必需的步骤就是看看那些事实，即耶稣就是他称自己是谁的那一位，耶稣也会做他说他要做的事，因此我们必须个人地信靠他，我们要这么说，"对于我，他就是他称自己是谁的那一位，他也会为我做他答应要做的。我把自己交托在他手中，他是定意要来拯救——他也能救我。我靠着他的应许安息，他会做所有一切他应许要做的。"这就是得救的信心，并且"信子的人有永生"（约3:36）。

不论你面对什么危险和困难，无论什么黑暗和沮丧，无论什么软弱和罪孽——凡相信耶稣基督的人必"不至于定罪，是已经出死入生了"（约5:24）。我相信神的灵能够运用这些真理当即就引导你进入平安。"不要怕，只要信！"（可5:36）信靠并且安息。

我担心你虽然了解了应当怎么做但却就此止步，并不去这么做。在实际运作中的最不济的信心也比看似最理想却在空谈中挣扎的信心要强（参雅1:22）。重要的是我们现在就要相信主耶稣。不要去管什么不同点和定义。饥饿的人不会在意他面前的食物里有些什么东西，他的嘴的构造，或消化过程。他因吃而活着。

也许有一位更聪明的人很透彻地理解营养科学，但是如果他不吃，他就会和他的知识一起死去。无疑，眼下在地狱里就有许多这样的人，他们虽然理解信心的教义却并不相信。另外一方面,没有一个信靠主耶稣的人曾被丢弃,尽管他也许不能在知性上为他的信心下个定义。接受主耶稣进到你的灵魂,你就将永远在天上与他同在。"信子的人有永生"(约3:36)。

第七章

信心的表现

为了把信心这件事说得更清楚,在这一章里我要给你几个例证。尽管只有圣灵才能让你明白,但尽我之力来发光,并且祷告神打开瞎眼,既是我的责任也是我的喜悦。我希望你也为自己作同样的祷告。

拯救的信心和人体构造有许多相同之处。

眼睛给予视力。通过眼睛,我们的头脑可以理解远处的事物。眼睛一瞥,我们就能知道太阳和遥远的星座。同样,通过信靠我们将主耶稣带到身边。尽管他在遥不可及的天上,他却进入我们的心里。只要定睛于耶稣。这首圣诗,"生命在于定睛十架(There is Life for a Look at the Crucified One)[7]"传达了千真万确的信息:

生命在于定睛十架,

此刻生命赐予你。

---

[7] 此圣诗作者为阿梅利亚·赫尔(Amelia M. Hull, 1825 - 1882)。

信心就像手能抓住。信心所做恰如我们的手去抓住东西，信心牢牢得到基督并他救赎的恩惠。信心说，"耶稣属我。"信心听到饶恕的血并喊着说，"我接受它来饶恕我。"因为信心是基督的后嗣，所以信心真实地称死去的耶稣为她自己的遗产。耶稣将自己并他一切所有都给了信心。接受恩典赐予你的。你不是一个贼，因为你有神的允许。"愿意的都可以白白取生命的水喝"（启22:17）。一个只要单单用手抓住就能为自己得到宝藏的人如果继续落在贫穷里面，那他就是一个愚昧人。

> 在能够给我们营养之前，我们必须先接受食物。

信心就像嘴。它靠基督喂养。我们必须先摄取食物，然后才能摄取营养。吃喝是一件很自然的事。我们乐意把食物放到嘴里，然后它就经过我们体内的器官被吸收。使徒保罗说，"这道离你不远，正在你口里"（罗10:8）。要让它进到灵魂里头，所要作的不过就是把它吞下去。饥饿的人看到面前的食物并不需要人教他怎么吃。他会说，"给我刀叉，给我一个机会，"余下要做的事无需他人多虑。

的确，一颗对基督饥渴的心只需知道基督是白白赐予的，那心就立即接受他。如果你是在这种境况，不要犹豫，接受耶稣。保证你永远不会为此而受到责备，"凡接待他的，就是信他名的人，他就赐他们权柄做神的儿女"（约1:12）。他永远不会拒绝接待他的人，反而给所有来的人权柄，作儿女直到永远。

信心的表现

对生命的追求在许多方面表现了信心。农夫把好种子埋在土里,期盼着它不仅生长而且多结果实。他对那个应许有信心,即"稼穑……就永不停息了"(创8:22),他的信心给他奖赏。

一位商人把他的钱交给银行家管理,完全信任他的忠诚和银行的信用。与其把金条锁在铁保险柜中,他觉得不如把他的资本交在他人手中更使他如释重负。

水手信靠大海。当他上了船,他的脚就离开了干地,踩在漂浮不定的海洋上。要是他没有把他自己完全交托给滔滔大海,他不会这么做。

金匠把贵金属放在火里,那火看起来很像要将其烧化,但是那金匠把它从火炉中收回,这贵金属就被火的高温炼净了。

在你的生活中,无论何处你都能看到信心在人与人之间和人与自然规律之间运行。现在,正如我们在日常生活中要信靠一样,我们也同样要信靠神,正如他在基督耶稣里启示的那样。根据他们的知识和在恩典中的长进,信心以不同程度存在在不同的人中间。有时信心不过就是简单地靠着基督———一种依赖和愿意依靠的感觉。

当你走在海边时,你会看到海洋软体生物(比如海螺)紧贴在礁石上。你轻轻地走过去,用你的手杖猛地一击,它即应声掉落。你试试用同样的方法对付下一个。你已经给了它警告——它已经听到你的手杖击中了它的邻居,所以它使尽全力紧贴住礁石,你甭想把它从石头上弄下来。你可以打了又打,甚至把石头击碎,但我们的这位小朋友,那个海螺,尽管它不懂也不理解——它就是紧紧贴住。这个小东西并不了解石头的地质学构造,但它紧紧贴住。这就是它全部的知识,它用它来保护自己并得到拯救。

海螺的生命靠在礁石上,罪人的生命靠着耶稣。成千上万属神的人,他们的信心其实也就是如此。他们所知就是用他们全部的心和灵紧紧靠着耶稣,就平安和永远的安全来讲这就已经足够了。对于他们,耶稣基督是救主,强大而威严,是不会移动也不会改变的磐石。为了他们宝贵的生命,他们就紧靠着他,而这紧靠就拯救了他们。我问你,你能紧靠吗?马上就这么做吧。

当一个人依靠另外一个人的时候,就看到信心,因为他们认识到另外那个人具有更高超的知识。这个信心比海螺靠在礁石上要高明,因为这个信心知道它依靠的理由并据此而行。我不觉得海螺对礁石有什么了解,但是信心成长,它会变得越来越理智。我们知道耶稣有美德,能力和祝福,而我们没有,因此我们很乐意地将我们自己交托给他。一个盲人依靠他的引路人,因为他知道引路人可以看到,所以他按照引路人的带领而行。如果这位可怜人生来就是瞎眼的,他根本不知道视觉是什么,但是他知道世上有这个东西而且他的引路人具有。根据这个理由,他自愿把他的手放在那位眼能看到的人的手里,并跟随他的引领。"因我们行事为人是凭着信心,不是凭着眼见"(林后5:7)。

信心的表现

"那没有看见就信的有福了"（约20:29）。上面说的可能是关于信心最好的例子了。我们知道耶稣有美德，能力和祝福，而我们没有，因此我们很乐意地将我们自己交托给他，他为我们成为我们自己不能成为的。我们信靠他就如那位盲人信靠他的引路人一样。他永不会背弃我们的信任，而是"成为我们的智慧、公义、圣洁、救赎"（林前1:30）。

每一个上学的孩童在学习时都要有信心。他的老师教给他地理，告诉他关于地球，以及曾经存在过的某些伟大的城邦和帝国。除了相信他的老师和课本之外，这个孩子并不知道这些事是否真实。要是你想得救，那么对耶稣，你就应该如此。你只须知道因为在圣经里他是这么告诉你的；相信，因为他给你确定就会是如此，信靠他，因为他应许救恩必将是结果。

几乎你我所知的每一件事都是因着信心。科学上有了一项新发现，我们深信不疑，我们凭什么相信呢？是根据某些享有盛名的专家之权威。我们自己从来没有做过或见过他们的试验，但我们相信他们的证据。关于耶稣，你也必须如此。他教导你一定的真理，而你要作他的门徒并相信他的话。因为他已经行出所要行的，你只要跟随他并信靠他。他无限地超越你并亲自来作你的知己，作你的主人和主。如果你接受他和他说的话，你就得救。

另外一种更高形式的信心是从爱产生出的信心。一个男孩为什么信任他的父亲？孩子信靠父亲因为知道父亲爱他。那些对耶稣有着甜蜜的信心，并与对他深深的眷恋交织在一起的人是蒙恩而且幸福的,因为这是平安的信任。这些爱耶稣的人以他的品性和使命为乐。他向他们彰显的慈爱使他们忘乎所以,不由自主地信靠他,因为他们何等多地赞美,尊崇并爱他。

这种对救主的爱的信靠可以用下面这个例子来说明。有这么一位女士,她是当时一位非常杰出的医生的太太。她得了一种非常危险的病,虽然被重病击倒,但她却保持着出奇的平静和安详,因为她的丈夫正是这种病的专家。他曾经治愈了上千个得了相同病症的人。她一点儿也不忧虑,因为在她最亲爱的人手中——他的技术和爱都是无可比拟的,她感到十分安全。她的信心既有理又自然。从各个角度来看,她的丈夫都值得她如此信任。这信心就是最幸福的信徒向着耶稣所表现出来的。没有像他一样的医生。没有人能像他一样施行拯救。我们爱他,他爱我们。为此我们将自己放在他手中,我们接受他的指令,行他要我们行的。他在凡事上指导我们,我们就不会怕出岔子,因为他爱我们如此之深,他不愿我们沉沦(参彼后3:9)并且不会让我们经受任何些微不必要的痛苦。

> 信心是顺服的根基。

信心是顺服的根基,在生活中可以很清楚地看到这一点。当一位船长相信一位领航员会指引他的船进港时,他就会按照领航员的指令操纵这艘船。当一位旅行者相信向导会带领他越过那艰难的山口时,他会按照向导指示的路径攀登。当病人相信医生时,他会很仔细地按照医生的嘱咐和指示去做。

信心如果拒绝顺从救主的命令,那不过就是一表面文章,绝不能拯救一个灵魂。耶稣给了我们走向得救之途的方向,如果我们顺着那方向走,我们就得救。不要忘记这一点。你信靠耶稣,你做他告诉你要做的,那就证明你信靠他了。

有一种形式的信心值得注意,这是出自确凿的知识,而这种知识在恩典中成长。这种信心相信基督,因为认识他并信靠他,因为这是已经被证实了的,他的信实绝无谬误。有一位年老的基督徒妇女,她有一个习惯,就是每当她试过且证实了一项应许,她就在她的圣经页边空白上写上"T&P"[8]两个字。信靠一位试过并得到证实的救主是多么容易呀。你也许还做不到,但你会的。每件事都要有一个开始。假以时日,你将成长并具备更坚强的信心。这种成熟的信心并不要求什么表征,只是勇敢地相信。

看看那航海家的信心——我常常为此而感到惊叹。他解开缆绳,离岸出海。几天,几个星期,甚至几个月,他看不到一片帆也看不到海岸,但他仍然继续,夜以继日,毫无畏惧,直到有一天清晨,他看到他憧憬中的避风港就在眼前,而他正在向着它驶去。在这茫茫大海之上他怎么找到他的航线呢?他信靠他的罗盘,他的海图,他的望远镜,和满天星斗。顺从它们的指引,即使见不到陆地,他仍然能非常精确地操纵他的船,一丝不差地进入港湾。这是一件很奇妙的事。

8　英文为"Trust and Proved"。

在属灵上，完全脱离眼见和感觉的海岸，对内在的情感，远大的前途，各种记号或诸如此类的事说声再见是蒙福的事。身处超然的神圣之爱的海洋中，相信神，按照神的道的指引径直向天庭驶去，这是何等荣耀。"那没有看见就信的有福了"（约20:29）。最终，他们将进入神国的丰富并扬帆远航。你愿意在耶稣基督里信靠神吗？在那里，我满有喜乐地安然歇息，我也邀请你和我一起来，相信我们的父和我们的救主。现在就来吧。

第八章

为什么得救是因着信？

为什么选择信作为得救的渠道？无疑经常有人问这个问题。"你们得救是本乎恩，也因着信"（弗2:8），这当然是出自圣经的教义和神的旨意，但是为何如此？为什么选择信而不是盼望，或爱，或忍耐？

回答这种问题我们应当自己先要谦卑，因为神的道路并不总是容易明白的，我们也不可以冒昧地对其质疑。我们应当谦卑地说，据我们所知，信心被选作恩典的渠道是因为信心很自然地适用于作接收器。可以这么想，如果我打算给某位穷人一件慈善的礼物，我会把它放在他的手中。为什么？你看，把它放在他的耳朵里，或放在他的脚上就很不合适。手是用来接受，就如人的手，信心被造是用来接受。

以信心接受基督，就如你的孩子从你那里接受一个苹果那么简单，你伸手把苹果递出去，只要他走过来拿，你就把苹果给他。相信和接受在此仅仅只关系到一个苹果，但对于永恒的救恩恰是同样适用。孩子的手接受或拿到苹果，正如你以信心接受基督完全的救恩一样。孩子的手没有造出苹果，没有改进苹果，也不配得到苹果，仅只是接受那个苹果。

神选择信心作为救恩的接收器，因为信心既不假装制造救恩也不在其中提供什么助力。相反，它仅以谦卑地接受救恩为满足。信心是恳求饶恕的舌头，是接受的手，是看见救恩的眼睛，但并非购买救恩的价钱。信心从来不以自己为口实，而只靠着基督的宝血为自己陈情。它是好仆人，将主耶稣基督的丰富带给灵魂，因为认识到赖以汲取的源头。它承认这些丰富是惟独靠着恩典交托给它的。

再说一遍，无疑，之所以选择信心是因为信心将一切荣耀归于神。正是信心才可能本乎恩，而正是恩典，人才可能不自夸，因为神不能容忍骄傲。"他却从远处看出骄傲的人"（诗138:6），神不愿与这类人为伍。他赐予救恩的方式不会挑动或唆使骄傲。保罗说，"也不是出于行为，免得有人自夸"（弗2:9）。信心排除一切自夸。

> 信心拯救我们，因为它使我们依靠神，并将我们与神联结。

接受善行的手不会说，"应当为我接受了礼物而感谢我。"那很荒唐。当手把面包举到嘴边时，它不会对身体说，"要感谢我，因为是我在养活你。"手做的是非常简单却是很必需的事。手从不会为了它所做的来荣耀自己。同样，神选择了信心来接受那不可言喻的恩典的礼物，因

为什么得救是因着信？

为信心不能将功劳归于自己，而只是赞美神的恩慈，是他赐予一切良善。信心将华冠戴在当戴者的头上，也因此，主耶稣常常把冠冕戴在信心的头上，他说，"你的信救了你，平平安安地回去吧"（路7:50）。

再者，神选择信心作为救恩的渠道因为这是连接人与神最可靠的方式。当人信赖神，就在人和神之间造成了结合点，而那结合保证了恩福。信心拯救我们，因为它使我们依靠神，并将我们与神联结。我常常用下面这个例子来说明这个道理，而且觉得没有比这个更好的例子了。这故事是我在多年前听到的，说的是有一艘船在尼亚加拉瀑布的上游翻了，船上的两个人被大水冲了下去。岸边的人想办法给他们扔去一条绳子，这两人都抓住了绳子。

其中一位紧紧抓住绳子，被安全地拉到岸上，但是另外一位看到有一根大木头从身边漂过，就不明智地松了绳子去抓住那木头。他决心要靠那根木头，因为它可比绳子粗大许多，所以他觉得这是更好的选择。不幸的是，这根木头和那人都被直接冲到瀑布上，大水把他们一齐冲到下面巨大的深渊去了，因为在木头和岸边之间没有连接——没有结合。木头的大小对紧紧抓住它的那个人毫无意义。那木头只有连接到岸上才会提供安全。

对单单信靠他的行为、圣礼、宗教仪式，或者那一类东西的人，这是同样的道理。这种人不会得救，因为在他和基督之间没有联结。信也许看起来像是一根细绳，却握在岸边的神的手中。神无限的能力通过信的绳索拖拽并将这个人从毁灭中拉上来。哦,信心的祝福,因其将我们与神结合。

信心也被选择做恩典的管道,因为它接触到那些行动开始的地方。甚至在一般的事务中,每一件事背后也都有某种信心。我觉得,如果我说我们做每一件事其实都是因着某种程度的信心,这恐怕也不会太离谱吧。例如,我走过我的书房,因为我相信我的腿会支撑我走过去。人吃东西因为他相信食物必不可少。他去工作因为他相信钱的价值。他接受一张支票因为他相信银行会兑现。哥伦布发现了美洲因为他相信有另一块大陆就在大洋彼岸;清教徒移民先祖在这里建立了殖民地,因为他们相信神将在这岩石嶙峋的海岸与他们同在。

大多数伟大的作为都是源自信心,无论其为善或为恶,因为信心住在一个人里面发挥奇异的功能。信心就其自然形态来讲是一使人信服的力量,它进入各种人类行为之中。一个嘲笑对神的信心的人也许在某种邪恶的意义上是最有信心的人。事实上,他陷入若非最无耻也是最荒谬的轻信之中。

神赐予信心救恩,因为因着在我们里面建立信心,他触摸到我们情感和行动的主发条。可以这么说,神掌握了电池,能量通过电池转换,而神通过信心将神圣的能量传送到我们本性的各个方面。我们相信基督,心就被神掌握,于是我们就从罪得救并转向悔改、圣洁、

> 爱神就是顺服;
> 爱神就是圣洁

热心、祷告和各种感恩之事。普通的信心即成为圣洁。油对轮子,重锤对钟表,翅膀对飞鸟,帆对船的功用,就是

信心对一切圣洁的职责和思想与身体的作为的功用。有了信心,其他恩典就接踵而来并将持续下去。

信心具有通过爱而作工的能力。它影响到对神的激情并吸引心来追随最好的事。信神的人将不会三心二意地爱神。信心是理解的行动,但也在心灵之前,"因为人心里相信就可以称义"(罗10:10)。因此神将救恩赐予信心因为它与激情紧邻且紧密与爱相连,而爱是一切圣洁感情和作为的父母与保姆。爱神就是顺服;爱神就是圣洁。爱神与爱人就是效法基督的样式,而那即是救恩。

同样,信心造出平安和喜乐。有信心的人依靠基督且有平静。他们是欢喜和快乐的,而那是属天的操练。神赐予信心这属天的礼物,此为理由之一——信心在我们里面作工,这生命和灵命将永远显现在天上。信心给与我们在今生的兵器(弗6:10-18),并教导我们来生。它使得信徒活着或死亡都无畏惧,而且它让我们准备好行动也面对苦难。主也选择信心作为最合宜的中介来传递恩典给我们,也因此给我们得荣耀的地位。

别的一切都不能做信心为我们所做的。它给与我们喜乐和平安,并使得我们停止自我奋斗而进入安息(诗46:10)。为什么人要用别的手段争取得救?一位老传道人说,"有人让一个愚蠢的仆人开门,他就用肩头顶住门,使尽全力去推。但是这门纹丝不动。尽管他用尽全力也不得入内。另外一个仆人拿着钥匙来了,轻松地开了锁,抬脚就跨了进去。那些希望用行为来得救的人就是在用力推天堂的大门而不得其门而入。信心是钥匙,它可以当即打开那扇门。"

你要不要用那把钥匙?主命令你要相信他亲爱的儿子,而这么做,你将得到生命。这岂不就是福音的应许吗?"信而受洗的必然得救"(可16:16)。信心将自己交托给我们恩慈的神的怜悯和智慧,你怎么能拒绝这救恩之途呢?

第九章

唉，我行不出善！

当一颗焦虑的心接受了救赎的教义并且学到得救是靠在耶稣基督里的信心这个伟大的真理后，我们却常常感到很深的苦恼，因为感觉到自己没有能力行出善行。许多人为了他们的行为乏善可陈而哀叹。他们并没有为此找什么借口，只是表现出天天活在重担之下。他们真是全心全意地尽其可能想要做好，但是他们每一个人都很诚恳地说，"立志为善由得我，只是行出来由不得我"（罗7:18）。

这种感觉看起来让福音变得空洞和无效，要是一个饥饿的人得不到食物，食物对他又有何用处呢？要是一个人无法饮于生命之水，那生命之河对他有何益处呢？这让我想起一个关于一位医生和一个穷苦的妇人的孩子的故事。这位自作聪明的大夫告诉这位母亲，她的孩子只要得到适当的治疗，很快就会好起来，但是她的儿子绝对必须按时喝最好的葡萄酒而且要常去德国的一处温泉浸泡。要知道,这话是对一位穷苦的寡妇说的,她连每天的面包都无着落。同样,有些时候好像对一颗烦恼的心只是说说简单的"信而活着"的福音似乎并没有那么简单,因为它要求一个可怜的罪人去做他不能做的事。对于一个确实在灵里面苏醒过来却在真理的教导上仍是一知半解的信徒,看起来这之间缺少了一个必要环节。他们也许可以远远地看到耶稣的救恩,但怎么才够得到呢?灵魂既无力也不知道该做什么。避难之城似乎近在咫尺他们却不得其门而入。

在救恩计划中,是否为这种缺乏能力提供了帮助呢?是的。主的工作是完全的。它始于我们原来的地步,并不对我们有任何要求直到它完成。当那位好撒玛利亚人看到那个受伤几乎要死的旅行者时,他没有叫他站起来,走过来,骑上驴,自己去旅舍。不,他"上前去照顾他,包裹好了,扶他骑上自己的牲口,带到店里去照应他"(路10:33-34)。在我们落在低沉和悲惨之境时,主耶稣就是如此来对待我们的。

我们已经知道是神称义——即是说他称罪人为义——并且,他是在耶稣的宝血里因着信而称他们为义。现在,我们需要检视一下耶稣拯救他们时,这些罪人所处的境况。许多在灵里面苏醒的人不是仅仅为着他们的罪而忧虑,也是为着他们德性上的软弱。从那个他们深陷于中的泥潭里他们既无力自拔,也没有力量不再掉入那个泥潭中去。他们不仅为了他们已经做的忧伤,也为了他们无力去行而忧伤。他们感到浑身无力,无助,在灵里面毫无生气。

若说他们感到自己死了似乎听起来很古怪,但在某种程度上却的确如此,因为在他们自己的眼中,他们没有能力行出任何善来。他们感到他们无力行走天路,因为他们的骨头都断了。没有一个人有力量能措手(参诗76:5);确实,他们无能为力。不过,我们无需只注意到我们自己的力量,因为我们在神的话语中可以欢喜快乐地看到神对我们的爱。"因我们还软弱的时候,基督就按所定的日期为罪人死"(罗5:6)。

在这节经文中,我们看到,自觉无助感得到解脱——因主介入从而得解脱。我们的无助感已到了极致。不是说,"当我们相对来讲软弱时,基督为我们死了;"或者"当我们只有一点儿力量时,"相反,这个描述是绝对和不受限的:"因我们还软弱的时候"。在我们的得救中,我们没有任何能力可以帮助我们自己。主的话决断和真实。"因为离了我,你们就不能做什么"(约15:5)。我可以再进一步地提醒你主爱我们的大爱,"甚至当我们死在过犯中的时候"(弗2:5)。与只是感到无力相比,死可是强烈得太多了。

无力而可怜的罪人应当做的一件事就是要将他的思想专注于并坚定地记住他的盼望的一个基础,那就是神的确据,即他"按所定的日期为罪人死"。相信这一点,一切无助感就烟消云散。好像神话中点石成金的迈达斯王,真信心也是如此——它触摸到的一切都变成良善。信心将我们的需要和软弱变成祝福。

让我们来想一想这种缺乏力量的各种特定形式。首先，有人会说，"我好像无力在那些严肃的关乎到我得救的题目上集中注意力。甚至一个简短的祷告对我都是太大的负担。这也许与我的本性软弱有关，也许由于过分放纵而自损，或者我太过于操心世事以致我无能面对灵魂得救作很严肃的思考。"

许多人经历过类似的无力感，这恰是一种很普遍的罪性软弱的形式。他们的头脑无法集中精力来思考生命得到拯救一事。许多可怜的男女都是不识字，没受过教育的，他们发觉深沉的凝思是一件困难的事。而有些别的人其本性就是如此轻浮和草率，无法追随理性和争辩的冗长过程，这比让他们飞起来还难。哪怕穷其一生，他们也永远不能理解一个深刻的奥秘。

> 让主耶稣作你的力量和你的诗歌。

其实你不必因此绝望，因为就得救而言，持续性的思维并非必需，相反更需要的是简单地信靠耶稣。抓住这个事实："按所定的日期基督为罪人死"。你并不需要对这个真理作深入的研究，或深思其因，或辩其黑白。单单立于这个真理之上。让你的思想专注于此并且依靠于此。

让这个伟大、仁慈和荣耀的事实留在你的灵里直到它的馨香之气遍布你的思想，使你即使在无力之时也满有喜乐。让主耶稣作你的力量和你的诗歌，因他是你的拯救。按照圣经所启示的，当罪人尚无力量，耶稣即"按所定的日期基督为罪人死"。你也许曾听到过这些话千百遍，可你从来没有领会它们的意义。这些话中有着振奋人心的香气，不是吗？耶稣不是为我们的义而死，而是为我们的罪而死。他来拯救我们并非因为我们值得得救，恰是因为我们根本不配，彻底败坏，无可救药。他来到世间，不是因为我们做的任何事配得他的爱，而只是为着他自己深不可测的神圣之爱（参罗5:8）。在他所定的时间，他为那些不敬虔却是有罪之人而死。

哪怕你的头脑对此的理解很有限，你仍然能够抓住这个真理。一旦抓住就不要松手，因它可以让最沉重的心欢快起来。让你的嘴含着这句经文如含甘醇，直到它溶入你的心里，并使你所有的思想都甘甜如斯。然后，即使我们的思绪犹如秋天落叶般纷飞也无大碍。那些在科学上从来就无天分，或在其思想上也无创造性可言的人也都能接受了十字架的教义并得救，何况你呢？

我曾听到有另外的人说，"我无力主要因为我无法充分地悔改。"人们对于悔改的见解常常很奇怪。许多人想象一定要有泪如雨下，唉声叹气，哀痛欲绝之类的表现。这种毫无道理的想法从何而来？不信和绝望是罪。因此，我不觉得它们能够成为可被接受的悔改的基本要素。尽管如此，很多人仍然认为它们是真基督徒切身经验的必要组成部分，虽然这是非常不正确的。

不过我知道他们的意思，因为在我自己处在属灵的黑暗时，我也有同感。我愿意悔改，但我觉得我做不到。可是就在我这么想的时候，我却实在地在悔改。说起来很古怪，我感受到我本以为不能感受的。我曾经独自来到一个角落哭泣，因为我哭不出来。我感到苦痛哀伤，因为我没有对罪感觉到那么悲伤。这整团乱麻其实就是在我们还处在不信的状态中时，我们开始审判我们自己的状态。这就好像一个盲人盯着看他自己的眼睛。我的心因着惧怕而在我里面熔化，因为我觉得我的心坚硬如石。我的心因着觉得它不能粉碎而粉碎。现在我能够看到，我其实表现出来的正是我觉得我并不具有的东西，不过我并不知道在灵里面我身处何处。

哦，我多么希望我能够帮助其他人进入我现在正在享受的大光中啊。要是我说的一些话能够缩短他们受到困扰的时间的话，那我就十分高兴了——假如我能说几个很简单的字并恳求"保惠师，就是圣灵"（约14:26）进到他们心中。记住，真正悔改的人永不会满足于他自己的悔改。我们不能悔改得完美就如我们不可能活得完美一样。不论我们的眼泪是如何纯洁，总是会有一些灰尘裹在里面，因为就在我们最懊悔或对罪最深的忏悔之时，我们仍然会有一些东西是需要悔改的。

> 悔改已经意味着悲楚，但要点在于将心思意念从罪转向基督。

但是听着！悔改是对罪和基督，以及在关乎神的方方面面上改变你的心意。悔改已经意味着悲楚，但更重要的是在于将心思意念从罪转向基督。只要有这个转变，你就有了真实悔改的实质，哪怕没有啼哭和绝望的阴影笼罩你的思想。如果你不能像你应当做的那样悔改,你只要心中笃定"按所定的日期基督为罪人死",那么这会真地对你有帮助。反复对此默想。当你认识到,基督以那至高的爱"为罪人死",你怎能继续保有一颗坚硬的心呢?让我说服你在心里反复琢磨这个道理:像我这样一个罪人,哪怕我的心坚硬如铁不愿让步,可他仍"为罪人死",而且他是为了像我这样的罪人死。帮助我相信并让我顽固的心感受到这大能!

从你的灵魂涂抹一切思虑杂念,坐在主的身边,深深地默想,这本不配得,意想不到,无可比拟的爱的令人惊叹的彰显:基督为罪人而死。仔细阅读四福音书里面关于基督之死的叙述。要是有任何东西可以让你的顽梗的心溶化,那就是耶稣的受难和他为他的敌人而忍受了这一切的苦难这样一个真实。

> 哦,耶稣,我泪如泉涌,
> 　　跪在你的十架旁,
> 仰望你受伤低垂的头颅,
> 　　深感你一切的苦难。
>
> 见你宝血流出,我心溶化,
> 　　此心曾何坚硬;
> 我听见你为有罪者恳求,
> 　　悲伤涌溢,不能自己。
>
> 你为有罪之人而死,

> 我这罪人却在此站立；
>
> 何等的爱，你垂死的眼睛，
>
> 你被刺之手！
>
> 瑞·帕尔默（Ray Palmer）[9]

如果你理解耶稣神圣牺牲的全部意义，你必定要为你曾与这位充满了如此之爱者作对而悔改。经上曾如此写道，"他们必仰望我，就是他们所扎的；必为我悲哀，如丧独生子；又为我愁苦，如丧长子"（亚12:10）。悔改不会让你见到基督，见到基督却让你悔改。你不能用悔改造出一个基督，但你必须寻求将你带到基督面前的悔改。正如圣灵将我们转向基督，他也将我们转离罪。从果效转向原因，从你自己的悔改转向主耶稣，他升上高天，赐下悔改。

我也听到有人说，"我受到那些可怕的思想的折磨。无论我走到哪里，亵渎的想法悄悄地袭来。常常在我工作时，可怕的挑逗就侵入我的头脑，甚至在夜晚，那恶者的低语会把我从睡梦中惊醒。我就是无法脱离这恐怖的诱惑。"

我对这种折磨感同身受，因为我也曾被这头恶狼追索过。当受到魔鬼攻击的时候，一个人试图控制他的思想，就好像挥舞一柄剑来赶跑一群苍蝇一样。一个可怜的受到试探的灵魂，被撒旦的挑唆攻击，就好像我听说过的一位旅行者，他的头，耳朵和全身都受到一群愤怒的蜂群的攻击。他既不能阻挡也不能逃离它们。它们浑身上下蛰他，几乎要把他弄死。撒旦把这些丑恶和令人厌憎的思想倾倒

---

[9] 瑞·帕尔默（Ray Palmer,（1808 - 1887），一般公认为十九世纪美国最优秀的圣诗作者之一。

唉，我行不出善！

于你的灵魂，而你觉得你无力抵挡，这其实并不奇怪。但我要再次提醒你我们面前的圣经经文——"我们还软弱的时候，基督就按所定的日期为罪人死"。耶稣对我们过去与将来的境况都了如指掌。他明白我们无力抵挡那空中掌权者的首领。他知道我们会为此而大大作难；尽管如此，当他看到我们落在那种境地中时，基督"为罪人死"。

将你信心的锚在此抛下。魔鬼自己不能告诉你你已不是罪人，所以相信耶稣为你，照你本相而死。记住马丁·路德如何用魔鬼自己的剑削去他的头：

"哦，"魔鬼对马丁·路德说，"你是一个罪人。"

"是的，"路德回答道，"基督死了为着拯救罪人。"

路德用了以其人之道还治其人之身的方法。躲在这个认知——这个避难所——后面，并呆在那里。"基督就按所定的日期为罪人死"。只要你在这个真理上站稳，那些你无力驱赶的亵渎思想自会离你而去，因为撒旦将看到尽管他用那些东西困扰你却终归一事无成。如果投靠他，你自己，你的思想和一切，看看他是不是那位施拯救的全能者。你恨恶那些思想，它们并不是你的，是魔鬼把它们注射到你的思想里。在那种情况下，他为此负责，而不是你。要是你奋力抵挡，那么它们无非就像街上那些暴民的咒骂和谎言一样，与你无关。魔鬼要用这类思想把你推到绝望，或起码不要你信靠耶稣。

那位可怜的有病的妇人无法接近耶稣，因为人们簇拥在他周围（参可5:24-29）。在那些蜂拥纷杂的可怕思想压迫你的时候，你就好像处在那位妇人的境况中。虽然如此，她还是伸出她的手指触摸主的衣襟，从而得到医治。你也要如此行。耶稣为那些有各种各样的罪和亵渎了神的罪人而死。根据这个真理，我敢肯定，耶稣不会拒绝任何一位不愿作罪恶思想的俘虏之人。将你自己投向他，包括你的思想和一切，看看他是不是那位施拯救的全能者。他会让那些魔鬼的可怕的悄声细语安静下来，或者，他能够让你看穿它们的真面目，以致它们不再搅扰你。按他自己的方式，他能且愿来救你并且假以时日赐予你完全平安，只要你在此并所有其他一切上信靠他。

源于所谓缺乏力量相信的无能，实在令人唏嘘困惑，因为我们对这种哭喊并不陌生：

> 哦，只要我能信，
> 　　心定得安宁；
> 我虽愿却不能；主啊，释放我，
> 　　我的帮助必从你而来。[10]

许多人经年累月活在灵命的黑暗中，因为他们说他们没有力量，可实际上，他们所需要做的是放弃他们自己的能力，依赖另外一个人——主耶稣之力。

这整个关于相信一事的确颇为不寻常，因为人们试图相信，却得不到什么帮助。相信并非来自尝试。要是有个

---

[10] 选自圣诗：《我虽愿，却不能歌唱（I would, but cannot, sing）》，作者约翰·牛顿（John Newton, 1725-1807）。

人说今天发生了什么事,我不会跟他说我要试着去相信他。要是我对这位告诉我的人的诚实没有疑问的话,我当即就会接受他说的。如果我不认为他是值得信赖的人,我不会相信他,这里没有什么尝试可言。那么,当神宣布,在耶稣基督里有救恩,我要么马上就信,要么就认为他是个骗子。当然了,我想你不会对于此处什么才是正确的反应犹疑不决吧。神的见证必定是真的,我们一听到这个真理就必然应当相信耶稣。

也许你过分努力地尝试着要信。不要非以大信心为目标,只要对那你能把握的信心为满足,那信心只在于这个真理:"我们还软弱的时候,基督就按所定的日期为罪人死。"我们尚未相信他也无能相信他时,他已经为我们舍命。他为我们而死,我们不是信徒而是罪人。他来是让罪人成为信徒和圣徒,而在他为我们死的时候,他很清楚我们根本没有力量。

如果你把握并相信了这个真理,即基督为罪人而死,你的信就救了你,你可以平平安安地去吧(参路8:48)。如果你把灵魂信靠耶稣,他为罪人而死,尽管你不能相信所有的事情,或移动大山,或行出什么神迹,你仍旧得救。得救靠的并非大信心而是真信心,得救并非在乎信心而是在乎基督,那才是信心所依靠的。信心好像芥菜种,它带来拯救(参太17:20)。要考量的并非信心的量度而是信心的真诚。人当然会相信他认为是真的,既然你知道耶稣为真,我的朋友,你自然能相信他。

十字架作为信心的对象，是因着圣灵的大能，也是信心的原因。坐下，看着死去的救主，直到信心在你的心里自动地跃起。没有什么别的地方像加略山那样产生信心。那神圣的山头上的空气使颤抖的信心复原。许多人在定睛于十字架时曾说到：

> 当我目睹，
>> 你的伤，你的痛，
>
> 在那受咒诅的木头上，
>> 全无气息，
>
> 我的心因信而喜，
>> 你是为我而受苦。[11]

还有人说，"可悲的是，我缺乏力量是因着我无力脱罪这个事实，我知道，我不能带着我的罪进天国。"

我很高兴你明白这个，因为的确如此。你一定要与你的罪分离，否则你不能与基督相连。在某个安息日，年轻的约翰·班扬正在外面玩耍，一个问题突然闪过他的脑际："你是要带着你的罪去地狱，还是弃掉罪上天堂？"这个问题使他当下僵在那里不能动弹。我们大家都必须回答这个问题，因为我们不能持续在罪中而上天堂。你必须或者弃掉罪，或者弃掉盼望。你怎么回答？"是啊，我很愿意，但'因为立志为

---

11 选自圣诗：《耶稣，满有恩慈(Jesus, Full of All Compassion)》；作者：丹尼尔·特纳（Daniel Turner, 1710-1798）。

善由得我,只是行出来由不得我'(罗7:18)。我是罪的奴仆,我无能为力。"哪怕你没有力量,记住,这句经文仍然正确,"我们还软弱的时候,基督就按所定的日期为罪人死。"在其他一切都与之相对立时,你是否仍然相信这个真理?真正的问题是,你是不是信?

神已经说了,这就是事实。因此,把握住真理,不要放手,因为你唯一的希望就在于神的真理。相信——信靠耶稣,你很快就会找到杀死罪的能力;但是离开那个家伙远远的,那个武装到牙齿的强人(魔鬼)要抓住你永远作它的奴隶。

就我个人来说,我绝无可能靠自己战胜我的罪性。我试过但失败了。我罪恶的倾向是太多了,直到我相信基督为我的罪而死,我才能把我有罪的灵魂依赖于他。当我这么做时,我接受了得胜的真理,靠着它我战胜了罪性的自我。十字架的教义可以被用来杀死罪,就如古时的勇士双手挥舞他们的巨大的宝剑,每一击都撂倒敌人一大片。没有什么可与对耶稣的信心相比,因它战胜所有的恶。如果基督为我,如此一个毫无能力的罪人而死,因他救了我,我怎能还活在罪中,而不起来爱他,服事他呢?(参加3:13-14)。我不再能以罪为乐,罪杀死了我的挚友,耶稣。我必须为了他而成圣洁,因为他为了救我脱罪而死,我怎能还在罪中活呢?

看,对那些无力者,这是多么奇妙的帮助——知道并相信"我们还软弱的时候,基督就按所定的日期为罪人死",这罪人岂不正像你一样吗?你认识到这一点了吗?

我们昏暗,偏见和不信的头脑很难看到福音的核心(弗4:18)。有时,在我布道时,我觉得我已经把福音讲得很清楚了,不能再比之更一目了然了。可我还是感觉到,甚至那些很聪明的听众也没有明白"仰望我,就必得救"(赛45:22)是什么意思。归正的人常说,尽管他们曾经经年累月地听到过福音,但是直到某一天某一刻,他们才明白福音。不知道福音并非因为缺乏解释,而是因为没有个人性的启示。任何人只要寻求,圣灵就会赐予这启示,而一旦赐下,全部真理就在这些字句中启示出来:基督为罪人而死。

我听到的另外一个很普遍的懊恼是,"我的软弱在于,在礼拜天,我会被听到的道所感动,但我却无能把持住那个观念。在接下来的一周里,我遇到一些邪恶的同伴,我的向善之情顿时化成灰烬。我的同事们不相信任何东西,说一些非常恶毒的话,我无言以对。我感到无所措手足。"

对于适应这类新情况我很理解,也为这些人感到焦虑。同时,如果这样的人真的很诚恳,那么神的恩典会与他的软弱相遇。圣灵将驱除对人的恐惧之邪灵,而使懦夫变得刚强。你必须不要持续在这种摇摆不定的状态中,因为轻看自己对你并无任何好处。直起腰板来,好好看看你自己。难道你好像是钉耙下的蛤蟆,拿不准是该爬走还是呆着不动才能保住命吗?你难道不能有你自己独立的见解或行动吗?

唉，我行不出善！

我愿意做许多事为的是让朋友们高兴，但是我却不能为了让他们高兴而献身或自愿去下地狱。也许这可以让我与周遭的人们保持一团和气，却不值得为此而失去与神的朋友关系。为此而挣扎的人也许会说，"我知道这个，但是即使我知道，我也找不到勇气。我就是无力坚持立场。"那好，我再给您念一遍这节经文，"我们还软弱的时候，基督就按所定的日期为罪人死。"要是彼得在这里，他会说，"主耶稣为我死了，虽然我曾是如此可怜软弱的一块料，那个篝火旁的使女逼得我撒谎并且赌咒发誓地否认主"（参可14:66-72）。

是的，耶稣为那些背弃他而且逃之夭夭的人而死。紧紧抓住这个真理——基督为那些罪人，在他们仍然无力时而死。这是你走出怯懦之路。将这句话嵌入你的灵魂，"基督为我而死"，不久你就会准备好为他而死。相信吧。他为了你，替你受苦，并为你付出全部，真正和充分的重价（林前6:20）。如果你相信这个事实，你将不得不感到，你不能以他，这位为你而死者感到羞耻。

完全坚信这是真实将使你胆壮，有无畏的勇气。看看早期基督信徒，那时对基督超越的大爱之思想仍在教会里激荡且生气勃勃。他们不仅准备好去死，而且越来越定意要受苦甚至成百上千地将自己呈现于执政者的审判座前，宣告自己对基督的信仰。我不是说他们求取残酷之死是明智的作法，但是这证明我的观点，即对耶稣之爱的认知使思想升华，超越所有对人将如何对待我们的畏惧。为什么这不会在你身上产生同样的效果？我祷告，这会激励你，使你以无畏的决心显示，你站在主的一边并且跟随他直到末了。

愿圣灵帮助我们获得在主耶稣里面的信心，如此，我心灵得安宁。

第十章

信心加增

我们怎么能获得信心加增？许多人诚恳地问这个问题，包括使徒们（路17:5）。人们愿意相信却做不到。关于这件事，你可以发觉有许多莫名其妙的说法，因此让我们在处理这个问题时注重其实践性。在宗教事务上和在其他事务上一样都需要常识，所以让我们先问这个问题，"我当做什么才能信？"

如果有人问某人什么是做一件事最好的办法的话，回答必是马上动手去做。如果行动本身很简单的话，讨论有关方法是浪费时间。最简洁的方法去信就是信。如果圣灵使你敞开了你的心，那么一旦真理放在你面前，你就会信。你会信因为它为真。福音的命令很清楚："当信主耶稣、你和你一家都必得救"（徒16:31）。避开这个教导却问一些无关紧要，鸡毛蒜皮的问题毫无意义，因为命令是很直截了当的。那么就让我们遵循之。

如果你有什么困难，站稳了，以祷告来到神面前（诗46:10）。告诉伟大的父，是什么在困扰你，求他以他的圣灵来帮你解决问题。如果我不能相信某本书里的一个陈述，我会很高兴和作者联系，问问他那句话是什么意思。如果他为人诚挚，他会给我解释，让我满意。对于圣经里面某些难点，神的解释难道不是更能满足一个寻求者的心吗？主愿意让人知道他。到他那里去，看看是不是如此。退回到你祷告的小屋里，呼求说，"哦，圣灵，领我进到真理。我不知道的，请你教导我。"

> 如果你有什么困难，站稳了，用祷告将其带到神面前。

还有，如果信心看起来很困难，要是你经常而且诚恳地倾听要你相信的命令的话，圣灵之神将使你能够相信。我们相信很多事是因为我们常常听到它们。你没有发觉那是在日常生活里常常发生的吗？要是你一天里听到某事五十次，你难道不会最终相信它吗？

有些人因此而相信一些非常难以置信之事。所以我也不会对此感到奇怪，就是圣善之灵常常给这种经常听闻真理的方法祝福，并使用它来做当信之工。经上写道，"信道是从听道来的"（罗10:17）；所以，要常常听。如果我很诚实并且留心倾听福音，终有那么一天因着可称颂的神的圣灵作工，我就会相信我所听到的。只是要肯定你在听福音，不要去听或阅读那些只会让你摇摆或跌倒的东西，以致使你的思想走岔路。

信心加增

接下来，我还要建议你思想别人的见证。撒玛利亚人信了，因为井旁的妇人告诉他们有关耶稣的事。我们中许多人的信来自于其他人的见证。我相信日本这个国家存在，尽管我从来没有见过它。我之所以相信是因为别人曾经到过那里。我相信我会死，尽管我从来没有死过，因为有许许多多我认识的人死去了。所以，我很笃定，我也会死。许多别人的见证使我信服，那是个事实。

同样道理，听听别人告诉你他们怎么得救，他们怎么得饶恕，他们的品性如何被改变。如果你察验此事，你会发现，有些和你一样的人得救了。要是你曾是个小偷，你会发现，有一位小偷，他因着自己的罪被基督宝血之泉所洗净而喜乐。如果你过着一个不道德的生活，你会发现，那些男男女女，他们曾同样堕落，如今却被洁净而且被改变。如果你很忧郁，只要稍稍问问属神的人，你就会发现，那些信徒曾几何时也在与同样的忧郁挣扎，而他们会很高兴地告诉你，主如何挽救了他们。当你听了一个又一个亲身经历——他们曾尝试并证实了神的道，神的圣灵将引导你相信。

你听到过一位非洲人的故事吗？有一位传教士告诉他，水有时会变得非常坚硬，人甚至可以在上面行走。这位非洲人说，传教士告诉他的许多事他都相信，但是他绝不能相信这件事。等他来到英国，在一个冷天，他看到河上结了冰，可他却不敢走上去。他知道这条河很深，要是他冒这个险，他必定会落入河中淹死。无论如何也不能说服他走到冰冻的水面上去，直到他见到他的朋友和其他许多人都踩上那冰封的河面。看到别人安全地在冰面上走动，他才被说服并相信他也可以这么做。所以，你看到别人相信了神的羔羊，并察觉他们的喜乐和平安，你就被温和地带领而相信。他人的经历是神用来帮助我们相信的方法之一。你要么相信耶稣并得永生，要么任你的灵性死在罪中。除了耶稣你并无别的盼望。

还有一个更好的办法：你要注意给你命令，要你相信的那个权柄，那样会极大地帮助你的信心。那权柄并非属于我，若是的话你可以拒绝。向你发令，要求你相信的权柄是神自己。他告诉你要信耶稣基督(徒16:31)，你一定不可不顺服你的造物主。

某公司有位领班，他虽常常听到福音但对于他能不能真正认识基督感到困惑因而心中胆怯。有一天，他那位善良的老板给他留一张纸条，上面写道，"下班后马上到我家来。"这位领班来到老板家门口，老板走了出来，相当不耐烦地说，"嗨，约翰，你想干什么？在这个时间来给我惹麻烦？工作已经结束，你干嘛来我这里？"

这位领班说，"先生，我收到一个卡片，您说让我下班后来您这里。"

"你是说，仅仅因为你收到了我的一个卡片，你就有权在下班后的时间来我家吗？"

"我不明白您是什么意思，"这位领班说，"在我看来，既然您叫我来，我自然有权来。"

"进来吧，约翰，"老板说，"我要读给你听另外一个信息。"他们两人走进屋内,坐下后,老板读了下面的圣经经文:"凡劳苦担重担的人,可以到我这里来,我就使你们得安息"(太11:28)。他的老板看着他,说道,"难道你会觉得,在基督说过这些话之后,你来到他那里还会有什么错吗?"这位可怜的领班立即明白了,他相信了耶稣基督并得到了永生,因为他终于领悟,他有很好的理由和权柄来相信。你也一样。你有很好的权柄来到基督面前,因为主亲自跟你说要信靠他。

如果那还不足以使你建立信心,再想一想你必须信什么——主耶稣基督替罪人受苦并且能够拯救一切信靠他的人。这是有史以来人们能够得知并相信的最有福的事实。这是所有世人的思想都能接受的最令人愉悦,最得安慰,最神圣的真理。我劝你好好想想,找出这真理所含之恩典和爱。研读四福音书,研读保罗的书信,看看这个信息是不是如此可信,以致你不得不信。

不要问,"我怎能信?",而要问,"我怎能不信?"

要是那还不能使你相信,那么想一想耶稣基督这个人。想想他是谁,他做了什么,他在哪儿,他是什么。你怎能怀疑他呢?不信任那最值得信任的耶稣简直就是冷酷无情。他没有做任何事会让人不信任他。相反,我们能够很容易地就信靠他。为什么用不信再把他钉十字架?这岂不是好像再给他戴上荆棘冠冕并吐吐沫在他脸上吗?为什么不信任他?那些兵士使他成为殉道者,而你,因着你的不信,使他沦为撒谎者；那岂不更坏。不要问，"我怎能信？"，而要问，"我怎能不信？"

要是所有这一切都不能让你相信，那么一定是有什么东西完全错了。我最后的劝告就是，将你自己顺服于神。你是一个叛逆者，一个骄傲的叛逆者，所以你不信你的神。傲慢与偏见蟠伏在你的不信之下。愿神的灵将你对他的反叛挪去，使你降服于他。放弃你的叛逆，扔掉你的防卫，放下你的意志，降伏于你的君王。当一个灵魂向上伸开双手，在无助中哭喊，"主啊，我愿降伏，"信心顿时变得易如反掌。

你不能相信的原因就在于你仍然在和神争吵，并且决心要有你自己的意志和走你自己的道路。基督说，"你们互相受荣耀，怎能信我呢？"（约5:44）傲慢的自我产生不信。顺服——屈服于你的神，你的意志便将温顺地相信你的救主。我祷告圣灵现在就暗暗地且有效地在你里面做工，就在此刻，带领你相信主耶稣。阿门。

第十一章

重生和圣灵

"人若不重生，就不能见神的国"（约3:3）。我们主耶稣的这句话就好像一团火挡在许多人的路上，也好像基路伯那拔出的剑，把守住乐园的大门（创3:24）。这种人感到绝望，因为这样一种改变是远远超过他们靠着自己的力量能够做的。这新生命是来自上面，不是出于人力。在这里，我不能为了让人得到一种虚假的安慰，否认和隐瞒这样一个真理。我毫不犹豫地承认，重生是超自然之事，非罪人靠自己的努力可以做到。如果我居心不良到一个地步，为了给你打气，试图劝服你拒绝或忘掉这个无可置疑的真理，那么这是在给你帮倒忙。

但是，令人惊异的是，在同一章圣经经文里面，虽然我们的主作出了如此不留余地的宣告，主不正也在那里最明确地申明了得救是因着信吗？研读《约翰福音》的第三章，不要只停留在前面几节。不错，第三节记述，"耶稣回答说：'我实实在在地告诉你：人若不重生，就不能见神的国。'"不过此后，第十四和十五节继续说，"摩西在旷野怎样举蛇，人子也必照样被举起来，叫一切信他的都得永生。"然后，第十八节在更广的意义上重复了这个教义：

"信他的人不被定罪，

不信的人罪已经定了，

因为他不信神独生子的名。"

很清楚，这两个陈述必须一致，因都是出自同一位耶稣，并且记录在受到默示的同一章里面。要是本来并无难点，有何必要人为地制造一个呢？如果一个陈述确切地说得救必须是神所赐予，而另一个陈述也确切地说在我们相信耶稣时，主就拯救我们。那么我们可以有把握地断定，任何人只要相信所宣告的一切有关救恩的基要真理，则主定会将救恩赐予他们。事实上，主在所有相信耶稣的人身上造成新生，而且他们的信就是他们重生最可靠的证据。

> 心灵的得救更新是圣灵的工作

我们信靠耶稣因为我们自己不能做。如果这是靠我们自己的力量，那还何必要靠他呢？在我们这方面是信，在主那方面是造出一个新的我们。他不会替我们信，我们也不能为他做重生的工作。我们只要顺服那恩慈的命令就足够了，是主在我们里面造新的生命（腓2:13）。他甚至不惜为我们死在十字架上，当然能够也乐意赐予我们在永恒中的安定所需的一切。

重生和圣灵

心灵的得救更新是圣灵的工作（多3:5），因此不要冒昧地疑惑或忘记它。圣灵的工作是隐藏和奥秘的，只能从其结果才看得出来。我们自然的出生是奥秘，俗世的好奇常要去窥探之，更何况神的灵之神圣之工。"风随着意思吹，你听见风的响声，却不晓得从哪里来，往哪里去。凡从圣灵生的，也是如此"（约3:8）。不过有一点我们却知道：圣灵奥秘之工不能作为拒绝相信耶稣的理由，为耶稣作见证的正是同一个圣灵。

例如，如果有人让另外一个人到地里撒种，而他没有去做，他不能找借口说，"除非神让种子生长，撒种一点儿用处都没有。"换句话说，虽然仅靠神隐秘的能力也能得到收成，但这却不能成为他忽略了耕种的借口。

没有一个人在日常生活的正常活动中受到拦阻。圣经说除非神建造房屋，建造的人枉然劳力，但是要注意，他们的确在劳力（诗127:1）。凡相信耶稣的人都会发现，圣灵从来不会拒绝在他们里面做工。事实上，他的信正是圣灵已经在他心里做工的明证。

神做护理之工——为将来做准备，但是他这么做并不意味着人应当坐在那儿凡事不做。神若没有赐给他们生命和力量，他们一动都不能动，然而他们在从事每天工作时并没有去想到是神天天加给他们力量——他们的气息和所做一切都在他手里。恩典也是同样。我们悔改并相信，但是若主没有给我们能力，这两件事我们都不能做。我们丢弃罪，信靠耶稣，然后我们才认识到，"都是神在你们心里运行，为要成就他的美意"（腓2:13）。在这件事上假装有什么难过的坎毫无意义。

有些真理即便很难用词句解释，在现实经验中却很简单。罪人相信和他的信心是因着圣灵在他里面做工这两个真理之间并无任何不协和之处。只有愚昧才引导人在这简单的事上胡搅，以致他们的灵魂落在危险之中。没有人只是因为他不知道救生艇里每个个人的体重就拒绝爬到救生艇里面。也没有一个饥饿的人只是因为他没有懂得人体吸收营养的过程而拒绝吃饭。

要是你觉得除非你明白信心的所有奥秘，你就不能信，那么你永远不会得救。要是你情愿自找麻烦却因此而使你不能接受你的主和救主的赦免，那你就只会死在被定罪里，那是你咎由自取。不要因为热衷于讨论一些抽象隐晦之细节而在灵性上自杀。

第十二章

我知道我的救赎主活着

我一直在和你谈到基督被钉十字架,他是有罪之人伟大的盼望,但是,我们的主已经从死里复活并永远活着,记住这件事是真智慧。没有人要你信靠一位死了的耶稣,而是要信靠这一位,他虽为我们的罪死了,却为了我们的称义而复活。你可以去到耶稣那里,如同去到一位现在活着的朋友那里。他并非仅仅是留在记忆里,而是永远同在,他会聆听并且回应你的祷告。他活着,就是为了继续他的工作,他曾为此而舍命。他在父的右边为罪人代祷,并因此而能够拯救那些因信他而来到神面前的人。要是你从来没有这么做过,来吧,来经历这位活着的救主。

耶稣从死里复活享有荣耀和大能之盛名。他不像一个卑微之人在他的敌人面前哀叹和受苦,或者作为木匠之子辛苦劳作。相反,他被尊崇"远超过一切执政的、掌权的、有能的、主治的和一切有名的"(弗1:21)。父将天上地上一切的权柄都给了他,他在执行他的恩典之工中实施他这重要的属性。听听彼得和其他使徒在大祭司和公会面前,关于耶稣是怎么说的:

> "你们挂在木头上杀害的耶稣,
> 我们祖宗的神已经叫他复活。
> 神且用右手将他高举,
> 叫他做君王、做救主,
> 将悔改的心和赦罪的恩赐给以色列人。"
> (徒5:30-31)

环绕升上高天之主的荣耀当将盼望的气息吹入每一位信徒的心里。耶稣不是普通的人——他是伟大的救主。他是头戴冠冕并坐在宝座上人类的救赎主。生命和死亡的权柄都属于他。父使他成为在子的中保性治权之下所有人的中保,以致他要谁活谁就得活。他"开了就没有人能关、关了就没有人能开"(启3:7)。他一句话,那被罪和定罪的锁链捆绑的灵魂就立即得释放。他伸展真理之力,摸着的就得生命。就如罪活着,肉体活着,魔鬼活着——耶稣也活着,这对我们有益。而且,不论存在什么要毁灭我们的力量,耶稣有更强大的力量拯救我们,这也与我们有益。

他的升高和能力的一切都归到我们。他升高"成为"且"赐予"。他升高成为王和救主,从而他可以赐予凡来到他统治之下的人为得救恩所需之一切。耶稣不会有任何保留——为了罪人得救他尽其一切,为了彰显他的恩典满溢,他也尽其一切。他将其君王身份与救主身份结合,两者不可缺一。他预先所定之升高是为了带给人祝福,那正是他的荣耀的花环和华冠。对那些正在寻求的罪人,当他们定睛于基督时,还有什么能比这更合宜于提升他们的盼望吗?

耶稣忍受了巨大的羞辱。正因此,他被升高。因着降卑,他成就并经受了父旨意的一切,并接受了升高至荣耀的奖赏。他的升高代表了属他的人。抬起你的眼目,望着那荣耀的山岭,你的帮助从那里而来(参诗121:1)。默想君王和救主那高天之上的荣耀。有那么一个人现在在宇宙之宝座上,这岂不正是人类之出路吗?万物之主是罪人之救主,这岂不是荣耀吗?在神的殿中,我们有一位朋友,一位坐在宝座上的朋友。为了那些将他们的忧虑放在他手中之人,他将施加他所有的影响力。我们之中的一位诗人,以撒·华兹(Isac Watts[12])在他的一首圣诗,"他永远活着在父前代祷",中唱到:

> 他永远活着
>
>   在父前代祷;
>
> 将我灵魂交托,

---

[12] 以撒·华滋(Isaac Watts, 1674-1748),被誉为英语圣诗之王,一生创作了600多首全新的诗歌。作者在此引用的诗歌名为《耶稣,我们定睛于你(JESUS, IN THEE OUR EYES BEHOLD)》,此为这首诗歌的副歌。

若他替你祈求，

　父恩典直到万代。

朋友，将你的问题和事情都交到那曾被刺伤之手，那手现今带着君王之权柄和尊荣的钻戒，满有荣耀。凡事若交给这位伟大的中保那就没有一件做不成的。

第十三章

悔改并饶恕

从我们已经查看过的圣经经文，很清楚悔改一定与罪得赦免紧密相关。在《使徒行传》五章31节，我们读到，耶稣"被高举，叫他做君王、做救主，将悔改的心和赦罪的恩赐给以色列人"。这两项福分都来自于那曾被钉在十字架上，而现今升到荣耀的圣手。神在永恒中的旨意将悔改与赦免焊接在一起。"这样，怎么说呢？我们可以仍在罪中，叫恩典显多吗？ 断乎不可！我们在罪上死了的人，岂可仍在罪中活着呢？"（罗6:1-2）

悔改一定要与赦免并行。要是你稍微想一想，你就会明白这一点。罪得赦免不能给与不悔改的罪人。要是那样，他就会始终在邪恶里，而且这反而教给他让他善恶不分。假设主说，"你爱罪而且活在罪中，你变得越来越不可救药，不过，尽管如此，我还是饶恕你。"这样的话，就等于给邪恶发了通行证。社会秩序的基础将解体，道德的无序将接踵而来。如果悔改能和赦免分家，要是罪人可以持续在罪中作乐而不必悔改，我简直无法告诉你将会发生什么样的恶果。

如你可以预见，如果我们相信神的圣洁却继续在我们的罪中并且不愿悔改，我们就不能得到赦免而必须承受我们顽梗的后果。按照神无限的良善，我们有这个应许，就是如果我们弃绝罪，认罪，并以信心接受在基督耶稣里赐予我们的恩典，神是信实和公义的，他必赦免我们的罪，并洗净我们一切的不义（约壹1:9）。但是，对那些持续在他们的邪恶中并拒绝承认他们的过犯之人，永活的神并无应许给他们怜悯。当然，反叛者如果仍然公开造反，他们就不能期望君王会赦免他们的叛国罪。要是我们自己拒绝抛弃我们的罪，没有一个人会傻到臆想审判全地的法官会置我们的罪于不顾。

神的怜悯若完备，就必须如此。怜悯若赦免罪却容许罪人仍旧活在罪中，那就是有限和虚假的怜悯。这将是扭曲和不得人心的怜悯。你想，哪一样有更大的益处，洁净罪疚还是从罪的权势下得救？我不会尝试要把这两个超乎想象的怜悯放在天平上称量。若不是耶稣的宝血，没有一样能给与我们。但是，如果非要比较一下的话，看起来，从罪的权势下得释放，成为圣洁，像神的样式，必定会被认为是两者之中更伟大的。得到赦免是无法衡量的恩惠。

在我们的赞美诗篇中，这是首要的："他赦免你的一切罪孽"（诗103:3）。但是如果我们被赦免，却被容许爱慕罪，在罪孽中反叛，沉迷于情欲，这样的赦免有什么用呢？这种赦免岂不变成甜蜜的毒药，最终将把我们毁灭吗？洗净之后仍旧在粪坑中打滚，被宣告了洁净却仍旧满身大麻风，岂不是对怜悯最大的嘲讽吗？将一个人带出坟墓却任他死去，有何目的呢？要是他仍旧瞎眼，为何领他进入光中？

我们感谢神，他既赦免我们的罪也医治我们的疾病。他既洗净我们过去的污秽，也将我们从眼下的错谬中救拔出来，并且保守我们将来也不致跌倒。我们一定要怀着喜乐接受悔改以及减轻我们现时罪的严重性或强烈程度。这两者是不能分开的。应许的基业是一个，不能分割，也必不可一份份地分出去。将恩典之工分割就是将活孩子劈成两半（参王上3:25）。那些允许这么做的人与恩典无份。

在你寻求神时，我要问你是否只是满足于上述怜悯中的一个。如果神赦免了你的罪却容许你像过去一样那么属世界，那么不道德，你会满意吗？

不！重生的灵惧怕罪本身更甚于罪所带来的惩罚。你心灵的哀哭将不是，"谁能救我不受惩罚？"而将是，"我真是苦啊！谁能救我脱离这取死的身体呢？"（罗7:24）因为悔改与罪的减少相关联，而这是出于神恩典的愿望，是完全救恩和成圣所必需的，可以肯定，它将永久继续下去。

> 当我们肯定我们被赦免时，我们就痛恨罪。

所有真信徒都同时经历悔改和赦免。从来就没有一个人真诚地因着相信悔改而认罪悔改，却没有得到赦免。另一方面，也从没有一个不悔改其罪的人却得到赦免。我毫不犹豫地说，在日光之下，过去没有，现在没有，将来也不可能有，心灵没有被引导到悔改并同时有对基督的信心，罪却可以被洗净的。在我们还活着的时候，对罪的恨恶和得到赦免的感觉一同进入且同住在灵魂里面。

这两样互相效力，发生影响。被赦免之人因而悔改，而悔改之人也定被赦免。但要记住，赦免在先，引导悔改。如我们吟唱约瑟夫·哈特（Joseph Hart[13]）的诗句：

> 律法和惧怕让心坚硬，
> 　　曾几何时它们独行；
> 血所买赎的赦免感动，
> 　　石头般的心顷刻融化。

当我们肯定我们被赦免时，我们就痛恨罪。我认为，一旦信心成长得到完全的确据，我们就毫无疑问地坚信，耶稣的宝血已经将我们洗得白净如雪，那时悔改就到了最高点。悔改与信心一同增长。不要在这上面犯任何错误。悔改不是用日或星期来记的。这不是一时的忏悔，越快过去越好。不。这是一生之久的恩典，就如信心一样。神的小孩子们悔改，少年人和老人也同样（参约壹2:13）。悔改是信心不可分割的伴侣。无论何时，只要我们因着信而不是因着所见而行事，悔改的泪水就在信心之眼眶中闪烁。不

---

[13] 约瑟夫·哈特（Joseph Hart，1712 – 1768），是一位伦敦的加尔文派牧师，他创作的圣诗曾经非常流行，受到大众喜爱，所引诗歌首句为"Jesus is our God and Saviour, Guide, and Counsellor, and Friend;"。

悔改并饶恕

从对耶稣之信心而来的悔改不是真悔改,而信心若没有被悔改染色则不是对耶稣的真信心。

信心和悔改结合在一起,绝对重要。我们的悔改与对基督赦免之爱的信心是成比例的,我们在完全的赦罪中喜乐,而耶稣按照我们悔改和对罪与邪恶的仇恨程度给与我们赦罪。除非你感觉悔改,否则你永远不会看重赦免,除非你知道你被赦免,你也永远不会品尝到悔改之深味。这似乎有些怪,却是真实的。悔改的苦涩和赦免的甜蜜混合在一起,成为每一个蒙受恩慈的生命的味道,也产生无可比拟之福乐。

这两个恩约之礼物互相担保。如果我知道我悔改,我也知道我得赦免。我怎么知道我得了赦免,不正是因为我知道我从原先那罪的道路上回转了吗?作一个信徒就是作一个悔改的人。信心和悔改是同一个轮子上的两根辐条,同一付犁上的两个把手。悔改被形容为心碎,这是因为罪并由罪而生。同样,悔改也可以说是离开罪而归回神。这种心意更新变化可以说是翻天覆地般的,交织于对过去的懊悔和对未来改变的决心。

> 悔改是离开
>   我们曾眷恋的罪,
> 痛定思痛,
>   绝不再做。

如果是这样,我们肯定将得到赦免,因为主不会不赦免一颗因着罪和由罪而来破碎的心。另一方面,如果我们享受因着耶稣的宝血而得到赦免,并因着信而称义,通过耶稣基督我们的主与神和好,我们知道我们的悔改和信心是纯正的。

不要把你的悔改当作你得赦免的原因,而要当作得赦免的伴侣。不要期望你凭自己就能悔改,除非你看见我们主耶稣的恩典,并他愿意涂抹你的罪。将这些蒙福之事保持在适当的位置上。从它们互相的关系上去看待它们。它们是得救之经历的支柱。

除非经过悔改和赦免之柱,没有人能坦然来到神面前,当悔改的眼泪在完全赦免之光中闪烁,神所应许的恩典之彩虹将在你的心上显示出它全部美丽。认罪悔改和对神赦免的信心交织成一幅真正归正的织锦。你可以通过这些表现来认识一个真信徒。

当我们再来查看我们一直在默想的经文时,我们看到赦免和悔改从同一源头流出,并由同一位救主所赐予。主耶稣在他的荣耀里将这两者赐给同一个人。你不可能在别的地方找到赦免与悔改。耶稣将此二者预备好了,现在就要将它们赐下——将它们白白赐给所有愿意从他手中领取之人。

绝不要忘记耶稣将我们得救所需之一切都给与我们。绝对重要的是,所有寻求怜悯之人都必须记住这一点。信心是神的礼物,也同样是救主的礼物,信心依赖于他。认罪悔改实际上是恩典之工——就如靠着赎罪祭而涂抹罪过。救恩,从起头到末了,都惟独靠恩典(弗2:8)。不要误解我。不是圣灵在悔改。圣灵从来没有做任何需要悔改之事。如果圣灵需要悔改,他在此就不合宜了,因为我们必须为我们自己的罪悔改。如果我们不这么做,我们就不能靠圣灵的大能得救。

也不是主耶稣基督悔改。他凭什么要悔改呢?是我们要悔改,我们要全心全意地悔改。意志,热情和感情,全副身心都要在为罪悔改这有福的行动中。在这背后是影响到我们个人行为的圣洁,它使心融化,产生羞耻和懊悔,并带来完全的改变。神的灵光照我们,让我们看到何为罪,并使罪在我们眼中为厌恶。

神的灵也使我们转向圣洁并使我们全心全意地赞赏,热爱并渴慕圣洁。这样,圣灵就激励并引导我们一步步走向成圣。"你们立志行事,都是神在你们心里运行,为要成就他的美意"(腓2:13)。让我们立即将自己献给神的圣善之灵,以致他能够将我们引到耶稣那里,耶稣将按照他丰盛的恩典,白白赐给我们悔改和赦免这双重祝福。

"你们得救是本乎恩。"

第十四章

如何赐下悔改

在这一章里,我们要回到《使徒行传》五章31节:"神且用右手将他高举,叫他做君王、做救主,将悔改的心和赦罪的恩赐给以色列人。"我们的主耶稣基督已经升上高天,因此恩典可以为我们降下。促进更广泛地接受他的恩典正是他的荣耀所在。主之所以升高正是因着他计划要将信他的罪人和他一起带入天家。他升高是为了赐下悔改,如果我们记住这几条伟大的真理的话,我们自己即可明白这一点。

我们的主耶稣已经完成的工作使得悔改成为可能,可得,可接受。律法从没有提到过悔改,而是很清楚地说,"唯有犯罪的,他必死亡"(结18:20)。如果主耶稣没有死,没有复活,没有去到父那里,悔改又有何价值?我们也许会为此而来的愁苦感到懊悔,但不会为着重燃希望而悔改。悔改作为自然感受仅只是一种日常生活中的责任感,并不值得什么赞扬。它一般来讲常常与惧怕受到责罚的自私感觉混合在一起,实在不值一提。如果耶稣没有介入,并且行了那么丰富的功德,我们悔改的眼泪无非就像洒在地上的水。耶稣升在高天之上,因此本着他的道德良善为我们代祷,悔改得以来到神面前。就此而言,是耶稣给与我们悔改,因为他,我们的悔改才可被接受,若非如此,这就永不会如此发生。

当耶稣升高,神的灵浇灌下来,将所有必需之恩典行在我们身上。圣灵在我们里面造成悔改,是其以超自然之力更新我们的本性并除掉我们肉体中的石心(结36:26)。不要坐在那儿硬要挤出几滴眼泪。悔改不是出自一个不情愿的本性,而是来自于神白白和主权的恩典。不要进到你的内室,捶胸顿足,想要唤起某种在你的石心里面根本不具备的情感。相反,去加略山,望着耶稣怎样死去。向山举目,你的帮助从那里来(参诗121:1)。 圣灵来,正是为了遮盖人的灵,并在他们里面生出悔改来,正如他曾从混沌中生出秩序。向他倾吐你的祷告,"赐福的灵啊,与我同在。给我一颗柔软和谦卑的心,以使我可以恨恶罪并诚恳地悔改。"他会听到你的哀哭并回答你。

记住,当我们的主耶稣升高时,他不仅藉着差派圣灵来给与我们悔改,而且他将所有出自自然和护理之工成为神圣,臻至救恩。因此,无论是彼得的鸡叫或狱卒的地震晃动监狱(参徒16:26),任何一件这样的事都可以呼召我们悔改。从父神右边,主耶稣统管地上万有,万事都为了他所拯救的人得救而一起效力。他使用苦的和甜的,试炼和喜乐,因之使罪人朝向他们的神生出更美的心意。

感谢神及时地为你预备将来所要发生的事,也许是贫困,或病痛,或悲伤,因为通过所有这些,耶稣在你的灵性生命中做工,使你转向他。主的怜悯常常骑在悲苦的黑马上来到你的心门前。耶稣使用我们各种经历以致我们与这个世界断绝并召唤我们上到天庭。基督升高,登上掌管天地所有一切的宝座是为了因着他的护理之工,能够使坚硬的心屈服并在悔改的感恩之中变得柔和。

更关键的是,他现在就在你的心里做工,向着你的良心轻声低语,藉着他默示之话语,藉着我们这些传讲圣经信息之人,也藉着为你祷告的朋友们和他们诚挚的心。如摩西之杖,他能用一句话来击打你岩石般的心,使得悔改之溪流涌出(参出17:6)。从圣经中给你带来令你心碎的语句,当即就使你心意降伏。他能奥秘地软化你的心,在你意想不到时,敬虔的思绪就悄悄地溜进你的心田。

确定无疑的是,耶稣已经进入他的荣耀,并已经升上进入神一切辉煌和威严之中,他有丰富的方法使他已赐予赦免之人得悔改。甚至此时此刻,他在等待将悔改赐予你。现在就向他求吧。

要留意,从主耶稣基督而来的悔改赐给那些世界上最怙顽不悛的人何等大的安慰。"神且用右手将他高举,叫他做君王、做救主,将悔改的心和赦罪的恩赐给以色列人"(徒

5:31)。给以色列人！在使徒说这些话的那些个日子，以色列是一个最粗暴地反抗光和爱，陷在罪中的民族，他们竟敢说，"他的血归到我们和我们的子孙身上！"（太27:25）但耶稣却升至高位，给与他们悔改。何等奇妙的恩典！

如果你在基督信仰最明亮之光中成长，却仍然拒绝它，你还是有机会的。如果你得罪了你的良心，得罪了圣灵，也得罪了耶稣的爱，你仍然有悔改的余地。尽管你的心刚硬和不信，就如古时的以色列，你的心仍然能够柔软，因为耶稣已经升高并披戴无尽的能力。对于那些深陷于罪，罪孽深重的人，主耶稣仍然能够赐予你悔改和罪得赦免。我很高兴我可以宣讲这个全备的福音，而你则有福可以读到这福音。

以色列之子的心曾变得像石头般坚硬。马丁路德曾经认为要让哪怕一个犹太人归正几乎都是不可能的。尽管我们在这一点上不能与他苟同，但我们也承认，以色列民族多个世纪以来，的确在反对救主上是出奇地顽固不化。主对犹太人说得很对，"我已经告诉你们，你们不信"（约10:25）。"他到自己的地方，自己的人倒不接待他"（约1:11）。然而，我们的主耶稣升高却是为了以色列人并赐予他们悔改和赦免。不过许多外邦人也有同样顽梗的心，他们经年累月地对抗主耶稣，但即使是对这样的心肠，主耶稣仍然能够做成悔改之工。当这事发生时，你也许可以和威廉豪（William Hone[14]）一起同声歌唱，像他降服于神的大爱之后那样。他曾经是一个顽固透顶的不信者，可一旦他的心被全权之

14　威廉姆·豪（William Hone, 1780 - 1842），英国记者和作家，书商。

如何赐下悔改

恩降伏之后,他写道:

> 那跳动不已的骄傲之心,
>
> 　　在我里面折服;
>
> 那不可压制狂野的意志,
>
> 　　与敌为友,轻蔑待你,
>
> 　　　　如今平静,哦,我的神,唯独靠你!哦,我的神!
>
> 你的旨意,非我旨意,
>
> 　　我心永远属你;
>
> 坦诚向你,至高之道,
>
> 我尊崇你,基督,我的神,我的主,
>
> 　　惟独你名为我旌旗。

主可以让最顽逆之人悔改,将狮子转变成羊羔,乌鸦变成鸽子。只要我们定睛于他,在我们里面就将发生巨大变化。无疑,凝思基督之死是令我们折服而悔改最可靠也是最便捷之途。不要坐在那里妄想从那败坏本性的枯井里打出什么悔改之水。你不能强制你的灵魂进到悔改的感恩之境。相反,将你的心带到他面前,他理解你,你要这么祷告,"主啊,洗净它。主啊,更新它。主啊,在它里面做悔改之工。"

你越是要以己之力产生出悔改的情感,你就越会失望。但是,如果你思想——靠着信——耶稣为你而死,悔改将爆发出来。默想主将他心里的血为了爱你而洒。想一想那痛苦和汗如血滴——十字架和受难。你这么做的时候,那承担了一切悲痛的他将注视着你,他看着彼得的目光令彼得出去痛哭(参路22:62),他看着你的目光也将使你如此。为你而死的他,藉着他恩慈之灵,将使你向着罪死。他为了你而进入荣耀并且能够吸引你的灵魂来跟随他——远离罪并朝向圣洁。

最后,我要让你思想一件事。不要在冰层下面寻找火焰,不要寄望于你自己本性之心去寻找悔改。定睛于那永活者求生命。为了你一切所需,只要望着耶稣。不要在别的任何什么地方去找耶稣赐予的爱,只要牢记,唯有基督是一切。

第十五章

惧怕终会跌倒

有一个黑色的恐惧一直在许多来就近基督的人的头脑中作祟。他们惧怕他们不能最终恒忍到底。我曾听到某位寻求得救的人说，"我一旦把我的灵魂交托给耶稣，要是我终究还是被拉回到地狱的刑罚去，又将怎样呢？我从前真是感觉非常好，但这感觉消失了。我的德行就像早晨的露珠，出现得很快，能呆上一小会儿，似乎挺不错，但转瞬即逝了。"

我相信这种惧怕指出一个事实，就是有些人，他们对完全和永远地信靠基督心存疑惧，他们的失败是因为他们只有一个临时的信心，这种信心从来没有足够到使他们得救。他们打算要在一定程度上信靠耶稣，不过终归仍然想要靠着自己继续和恒久地过一个敬虔的生活。因为他们没有惟独基督的信心，自然，过不了多久他们就转回去了。

要是我们靠着自己的能力来持守，我们将会失败。即使我们靠着耶稣得到拯救，如果我们仍然试图在任何事上靠自己，终究还是会失败。一根链条的整体强度由那个最薄弱的环节决定。如果耶稣是我们在一切——只除了一件——事上的盼望，那我们最终还是会失败，因为那一件事就决定了我们终将一无所获。

我确信这种关于圣徒恒忍的错误思想妨碍了许多人的恒久忍耐，他们其实曾经跑得挺好的。是什么阻碍了他们呢？是什么让他们不继续奔跑反而停了下来呢？他们在奔跑中信靠自己，因此他们半途而废。要注意，不要把一点点你的自我混进了用来建造的灰浆，或者你没有把灰浆搅拌均匀，那石块就不能粘合。如果你起初定睛于基督，要注意，不要盯着看自己来完成基督在你身上的工作。他是阿拉法（首先）。留心，你也要信靠他，因他也是俄梅戛（末后）。如果你在圣灵中开始，你就不要盼着在肉体中完成。开始就如你决意要继续，继续就如你才开始。让主是你的一切的一切。祷告，求圣灵之神清楚地显示，力量从何而来，以致我们可以恒忍，直到主再来那日。

保罗曾经就这个题目写信给哥林多人，他这么说，"他也必坚固你们到底，叫你们在我们主耶稣基督的日子无可责备。神是信实的，你们原是被他所召，好与他儿子我们的主耶稣基督一同得份"（林前1:8-9）。

这段经文的语言在字里行间透露出的确存在着很大的需求，并且告诉我们主如何满足这种需求。不论何处，如果主有供给，那就肯定对此有需求，恩典之约绝非滥用。所罗门的宫殿里挂着黄金盾牌，可从来没有用过，在神的武库里却没有这种东西。神所供应的一定就是我们需要的。在当下与万事终了之间，神每一个应许和恩典之约每一项供应都要被用到。

相信的灵魂最迫切需要的是坚信，持守，最终忍耐并恒忍到底。这是在灵性上比较进深的信徒所最需要者，正如我们看到保罗当时写给哥林多信徒，他们被看作是很有学问的思想家，而对他们，保罗却说，"我常为你们感谢我的神，因神在基督耶稣里所赐给你们的恩惠"（林前1:4）。正是这些人，他们一定觉得如果他们要坚持，持守下去，并最终得胜，他们需要每天有新的恩典。

如果你还不是一位信徒，你就没有恩典，也不会觉得需要什么更多的恩典；但是因为你是一位信徒，你天天都感到对属灵生命的要求。一尊大理石雕像并不需要食物，但活人却会饥饿干渴。要是他确知一定会有面包和水，他会很高兴，否则他会在路上晕倒。信徒个人的需要使得他不可避免地要每天从万有之源汲取，因为如果他不依赖于神，他又能做什么呢？

这对最有恩赐的信徒最真实——那些哥林多人，他们"口才、知识都全备"（林前1:5）。他们亟需坚信到底，要不然他们的恩赐和造诣将使他们身败名裂。如果我们能说人和天使的言语但没有接受新鲜的恩典，我们能落在何处呢？如果我们获得越来越多的经验直至成为教会领袖——如果神教导我们通晓所有的奥秘——若基督，我们恩约之首，他的神圣生命没有流入我们，我们也还是连一天都活不了。除非主保守我们，我们怎能盼望持守住一个钟点，更甭说一生之久？"那在你们心里动了善工的必成全这工，直到耶稣基督的日子"（腓1:6），否则那只不过证明了痛苦的失败。

从我们里面生出这巨大的需要并涵盖甚广。有些人心怀痛苦的惧怕，生怕自己不能在恩典中恒忍，因为他们知道自己没有信心。与一般的品性有关，有些人就是易变。有些人生来性情平和，而有些人本性就难以捉摸且暴躁易怒。好像蝴蝶在花丛中飞来飞去，拜访了花园中所有的美丽花朵，却最终也没有在任何一朵花上停留下来。他们从来没有在任何一个地方呆得足够久以致可以做些好事，甚至在他们的职业或者学术生涯上也是如此。这样的人可能会怕十年，二十年，三十年，四十年，也许五十年持续在灵里的警醒对他们而言实在难以承受。结果呢，我们看到人们从一个教会跳到另一个教会，直到他们能够将磁罗盘上指示方向的三十二度并其四分数倒背如流[15]。这样的人需要加倍地祷告，使他们在灵性上得建造，不仅站稳而且不摇动。否则的话，他们不可能"常常竭力多做主工"（林前15:58）。

> 每一天你都将发现有那么多机会让你跌倒。

15　作者在此用了一个罗盘（指南针）的例子。自十八世纪始，罗盘表面开始分成32度，称为罗盘方位图，又称玫瑰风图。当时英国为海上霸权，一般英国人皆具基本航海知识，而罗盘为航海必不可少之仪器，故作者用此例子加以形容。

惧怕终会跌倒

我们大家,即使我们没有受到那么深的诱惑以致反复无常,一旦神重生了我们,我们一定要认识到自己的软弱。每一天你都将发现有那么多机会让你跌倒。如果你愿意行在完全的圣洁中,正如我相信你是如此,你必须树立一个基督徒应当如何行的高标准。我们中的绝大多数,甚至早餐的碗筷还没来得及收起来,就已经表现出足够多的愚蠢让我们自惭形秽了。

即使我们把自己关进修道院的一个斗室里面,诱惑仍然如影随形;只要我们不能逃离这个自我,我们就不能逃离罪的吸引。我们的内心本来就应当使我们在神面前警醒并谦卑。如果神没有加添我们力量,我们将会如此软弱以致跌倒并在灵里堕落,并非因为我们被敌人胜过,而是因为我们自己掉以轻心。主啊,作我们的力量,因我们自己软弱。

此外,活得久了倦怠之意便油然而生。当我们刚开始基督徒生活并向他人宣称我们的信念之时,我们好像如鹰展翅上腾。当我们在主里面成长时,我们毫无倦意,在我们最好和最真诚的日子里,我们行走却不疲乏(参赛40:31)。我们的脚步虽看起来缓慢,但却每一步都更有益处而且更踏实。我向神祷告,愿我们继续保持年青时的活力,这是圣灵的活力而非仅仅骄傲的肉体自我标榜。

在天路上行走多时者发现了为什么有应许给他说,他的鞋应当是铜的和铁的(参申33:25);因为这路实在是难行。他会遇上艰难山和屈辱谷;还有死阴谷,而更糟糕的是名利场——所有这一切他都必须行过。如果有愉悦山(

感谢神,的确是有的),但也有绝望巨人的疑惑寨城堡,天路客也曾身陷其中[16]。想想这一切,那些能在圣洁之路上坚持到底的将是"做预兆的"(亚3:8)。

"啊,多么奇妙的世界,我还能怎么说?"[17] 一个基督徒度过的日子就像许多硕大无瑕疵的施恩钻石,串联在对神的信心的金链上。在天上,我们将对天使、有高位的和掌权者讲述基督那不可测度的丰富,他将那丰富倾倒给我们,使我们在地上即可享受这丰富。我们在死亡边缘上活过来。我们属灵的生命好像大海中燃烧的火焰,像悬在空中的一块石头。看到我们走进珍珠的城门,在我们主耶稣基督的日子无可指摘,整个世界都瞠目结舌。若我们一时得保守,而我相信我们是得保守的(参约6:39),我们实在应当心中感激充满了惊叹。

如果仅此而已,那我们的确有理由感到不安,但这并非一切。我们不得不要想一想我们生活于其中的这个世界。对许多属神的子民来说,这个世界犹如狂风怒吼的旷野。我们中有些人沉浸于神的看顾之中,而另外一些人却在严重的争战中。我们中有些人用祷告开始我们的一天,圣诗的歌声萦绕室内,而其他许多好人,早晨起来,还没来得及伸直他们祷告的双膝,就迎面遇上亵渎的言行。他们出去工作,一整天污言秽语不绝于耳,更加重了他们的

> 这个世界不以恩典为友。

---

16 此处皆引用约翰·班扬(1628 – 1688)所著之《天路历程》一书。此书有多个中文译本。
17 同上。

哀叹。你能只是走过街角而不受到粗鄙言语的攻击吗？

这个世界不以恩典为友。对于这个世界，我们尽其可能通过它，越快越好，因为我们在这里，就是生活在敌国的领土上。强盗藏匿在每一个树丛后面。不论我们走到哪里，都要紧握拔出的剑，或者起码要有这个随身的武器叫做"不住地祷告"，因为我们必定要为了我们路上的每一英寸而争战。在这上面不要掉以轻心，否则你将从你温柔的梦乡中被粗暴地摇醒。神啊，帮助我们，证实我们灵性的重生直到终了，不然的话，我们将在哪里？

真信心在其开始时是超自然的，在其持续中是超自然的，在其最终仍然是超自然的。这自始至终都是神的工作。主的手臂仍然要伸出，对此有极大的需要。你现在感觉到这个需要，我很高兴你有这个感觉。那意味着现在你将定睛于主来坚固你的恒忍。惟独神可以保守我们不致跌倒，并让我们与他的儿子一起得荣耀。

第十六章

灵得坚固

我要你注意到,保罗坚信所有的圣徒都会得到保全。他说,"他也必坚固你们到底,叫你们在我们主耶稣基督的日子无可责备"(林前1:8)。万事之上,最大的愿望就是这种坚固。它假定灵魂合乎正道且建议在正道中得到坚固。在罪和错谬中坚固一个人将是可怕的。设想若坚固一个醉鬼,或坚固一个窃贼,或坚固一个谎话连篇的人。若一个人在不信和不敬虔中得到坚固,岂非极其恶劣之事吗!

只有那些已经接受了神的恩典之人才会享有灵得坚固。这是圣灵的工作。圣灵赐力量并建立信心。圣灵在我们里面点燃并保持爱之火,并使这火焰烧得更旺。他首先教导我们,让我们知道良善的灵,并给与更多的指教,使得我们更清楚和更确定地认识他。

圣洁的行为被建立起来直至成为习惯,圣洁的情感被确认直至变得持久。经验和实践坚固我们的信仰和我们的决心，就如一棵树，温润的细雨和猛烈的风暴都使其根部得到培植一样。我们的喜乐和悲哀，成功和失败都为了同一个成圣的目的。通过在知识上的成长，思想得到指教并渐渐更明白在良善中持守的理由。心灵得到安慰并更加紧密地靠向慰藉之真理。手抓得越来越紧，脚步越来越踏实，信徒变得越来越牢靠和充实。

这不是简单地自然生长。这是圣灵独特的转化之工。主将此赐予那些依靠他得永生之人。以他内在的工作，他把我们从"滚沸如水"（创49:4）般拯救出来，并使得我们在他里面扎根并建立根基。这也是他拯救我们的方法之一部分——在基督耶稣里建造我们并使我们活在他里面。作为一个信徒，你可以天天期待而不致失望。只要你信靠他，他会使你如一棵树栽在溪水旁，你得到保全，叶子也不会枯干（诗1:3）。

一个得到坚固的基督徒给教会加添力量。他对悲伤的人是安慰，对软弱的人是帮助。你难道不愿意作这样一个基督徒吗？得到坚固的信徒是神家的顶梁柱，他们不会被各种异教之风吹得摇来摆去，也不会被突发的诱惑击倒（弗4:14）。他们对他人是很大的支持，在教会遇到麻烦时，他们充当锚的角色。如果你才开始你在基督里的生命，你也许很难想象你将是他们中的一员，但是把那个担心放在一边，因为良善的主将在你里面做工，就如曾经在他们里面做工一样。虽然你现在还是一个在基督里的"小孩"，有那么一天，你会被称为教会里的"父老"。将这盼望作为恩典的礼物,不要把这当作是你做工挣得的或是你自己努力的结果。

使徒保罗受到默示,他谈到这些人是得到坚固直到末了。他预期神的恩典将保守他们每个人一直到他们生命的终结,或者直到主耶稣再来。事实上,他预期整个神的教会,不论何时何地,都持守并恒忍直到主耶稣作为新郎再来,和他无瑕疵的新妇——教会一起庆祝婚宴。所有在基督里的都将在他里面得坚固直到那显明的日子。耶稣自己不是曾说过,"因为我活着,你们也要活着"(约14:19)。他还说,"我又赐给他们永生,他们永不灭亡,谁也不能从我手里把他们夺去"(约10:28)。"我深信那在你们心里动了善工的必成全这工,直到耶稣基督的日子"(腓1:6)。

> 恩典在灵里面的工作不是浅薄表面的改善而已。

恩典在灵里面的工作不是仅仅浅薄表面的改善而已,在重生时植入的生命源自充满活力和不能朽坏的种子,将活泼长存直到永远(彼前1:23)。神对信徒所作的应许不是暂时的,但是,这应许的实现也需要信徒持守其道直至达成无尽之荣耀。"义人要持守所行的道"(伯17:9)。这是可能的,因为我们得到神大能的看顾,因信而得救恩,不是因着我们自己的功德或能力,而是作为白白的礼物,将并不配得的称许给予那些"为耶稣基督保守的人"(犹1)。耶稣不会失去他羊群中任何一只。没有任何他身体的肢体将在灵里死亡。在那日,当他组成他的钻戒时,没有一粒他宝库中的宝石会失落。救恩因信而得，并非我们曾经长年累月为之而辛苦劳作，因为我们的主耶稣已经为我们获得了永恒的救恩。既为永恒，那就意味着它没有终结。

保罗也宣告他预期哥林多的圣徒们将得坚固到底并且最终无可责备（林前1:8）。无可责备是我们在基督里面得保守很珍贵的部分。保持圣洁远重于保持安全。当你看到那些所谓虔诚人士犯了一件又一件可耻的错误时，你真觉得很可怕，这只是因为他们不相信我们的主有这样的大能可保守他们无可责备。甚至一些宣称自己是基督徒的人，他们的生活也是一连串的跌跌绊绊。尽管他们从来没有完全跌倒，但却一直脚步踉跄。这与一个已被召唤与神同行的信徒很不相宜。因着信，他可稳步而坚韧地达至圣洁；他本应当如此行。主不仅有能力拯救我们出地狱，也有能力保守我们不致跌倒。

> 主能够保守他的圣徒脚步不致绊倒，只要我们信靠他会这么做，他就会这么做。

我们不需向诱惑低头。经上不是写道，"罪必不能做你们的主"吗（罗6:14）？主能够保守他的圣徒脚步不致绊倒，只要我们信靠他会这么做，他就会这么做。我们不需玷污我们的衣服，因为靠着他的恩典我们可以保持它们不被世界污染。我们一定要立定心志如此行，因为非圣洁无人能够见主（来12:14）。使徒向这些信徒们预言的正是这件事，这也即是他要我们寻求的——我们能够得到保守，"都成了圣洁，没有瑕疵，无可责备"（西1:22）。属于主的就无可挑剔。

神承诺在那最后的大日子,所有对我们的指控都将被一笔抹去,因此这整个宇宙中没有一个人敢于跳出来挑战我们的宣称,即我们是主所拯救的人。我们哀叹自己的失败和缺陷,但是即便如此也绝不能证实我们是基督以外之人。持续不断,没有悔改的假冒伪善,谎言,忌恨,邪淫,和以罪为乐,这些指控都被撤销了,因为这些都是致命的罪名。

尽管我们有失败,但在人面前,圣灵能够在我们里面造出无玷污的品性,因此,像但以理,除了在信仰方面之外,我们将不给人以任何口实来指责我们。许多虔敬的男女信徒们展现出率真透明,始终如一的生命,以致没有人可以对他们说三道四。谈到今日这样的信徒,主可以用当初当撒旦站在他面前时,他关于约伯所说的话:"你曾用心察看我的仆人约伯没有?地上再没有人像他完全、正直,敬畏神,远离恶事。"(伯1:8)

这正是你应当在主的手里要寻找的。这是圣徒的得胜——继续跟随羔羊不论他去往何地,并在永活之神面前持守我们的纯正。愿我们永远不要偏离,落入败坏之途,给与敌对者口实用斥责的口气来羞辱神或圣灵。哪怕你过去曾生活在很深的罪孽里,主有能力将你从旧习惯的权势下完全拯救你,并使你成为德性的楷模。因为经上如此写到真正的信徒"凡从神生的,必不犯罪,从神生的必保守自己,那恶者也就无法害他"(约壹5:18)。愿论到我们时,也写下同样的话。

如果你刚刚才开始属神的生活,主能赐予你无可指责的品性。哪怕你过去曾生活在很深的罪孽里,主的能力将把你从旧习惯的权势下完全拯救,并使你成为德性的楷模。他不仅将使你有道德,他更能使你憎恶一切错谬之途且跟随所有敬虔之道。不要怀疑这一点。罪中之罪魁并不一定必须亦步亦趋地跟在最纯洁之信徒身后。相信这一点,而且按照你的信心,这必为你成就。

哦,在审判的日子,我们被宣告为无可指责,这是何等的喜乐啊!我们可以当之无愧地一起来歌唱那美妙的圣诗,"耶稣,你的血和义"[18]:

> 当那大日,我大胆站立,
>   有谁能将我定罪?
> 经你宝血我已得赦,
>   罪之咒诅,羞耻不再。

当天地都要在万物的审判官面前逃走之时,我们却享受那份无畏的勇气,这是何等的欢喜快乐。这福祉将是每一个人的份,只要你不看别的,单单定睛于神在基督耶稣里的恩典,并得着那成圣之力并与一切罪持续交战。

18　选自圣诗:"耶稣,你的血和义"(Jesus, Thy Blood and Righteousness),此诗歌由约翰·卫斯理从德文翻译成英文,原作者为尼可拉斯·路德维格·格拉夫·冯·兹恩道夫(Nicolaus Ludwig Graf von Zinzendorf, 1700-1760),原作者出身德奥贵族,后成为18世纪德国重要的抗议宗人士。

第十七章

圣徒为何恒忍

我们已经看到在使徒保罗心中对哥林多教会的弟兄们所充满的盼望,这盼望也是对那些一想到他们的未来就不禁颤抖的人的安慰。但是,为什么他相信那些弟兄们会被坚固——得到力量并被建造——直到末了?

要是你仔细察考《哥林多前书》一章9节,你就会注意到,他其实已给出了理由。这节经文在此:

> "神是信实的,你们原是被他所召,好与他儿
> 子我们的主耶稣基督一同得份。"

使徒没有说,"你是信实的。"很不幸,人的信实实在是很不可靠的,毫无用处。

他没有说,"你有信实的牧师带领你,引导你,所以我相信你是安全的。"不。如果我们是靠着人得保守,那只是不

可靠的保守。他说,"神是信实的"。如果我们能被看为信实,那是因为神是信实的,不是因为另外一个什么人。我们的救恩的全部重担都依赖于我们的神的信实,因为这件事全都取决于神的这个荣耀的属性。

我们就像风一样不可预测,脆弱犹如蜘蛛网,柔软如水。我们既不能依靠我们自然的本性也不能依靠自己灵性之成就,"他(神)仍是可信的"(提后2:13)。他的爱是信实,"在他并没有改变,也没有转动的影儿"(雅1:17)。他在他自己的旨意上信实。他不会开始一项工作却半途而废(腓1:6)。他在他的关系上信实。身为父,他不会不认他的孩子们。作为朋友,他不会拒绝属他的人。作为创造者,他不会抛弃他手所做的工。他在他的应许上信实,他绝不会容许他的任何一个应许在任何一个信徒身上失败。他在他的圣约上信实,他在基督耶稣里与我们立了约并用他牺牲的血使此约生效。他对他的子信实,不会允许他的宝血白白流出。他对属他的子民信实,他应许他们永生并且不会转离他们。

神的这种信实是我们对最终恒忍的希望之基础和房角石。真信徒将会在圣洁中奋力向前,因为神在恩典中保守。他持续祝福,因此信徒持续得到福祉。他持续看顾他的子民,因此他们持续遵行他的命令。这是可依赖的坚实根基。同理,这也是白白的眷顾和无限的怜悯,救恩之光晨曦初露,且这甜美的铃声将悠扬地从早到晚回荡于恩典之日。

圣徒为何恒忍

我们能够在末日得坚固并且无可责备,这个盼望的缘由惟独在乎我们的神,而且在他里面这些缘由异常丰富。首先,它们在于神曾做了什么。在祝福我们上面他已经走了那么远,他不可能再走回头路了。保罗提醒我们,他已经"召(了我们),好与他儿子我们的主耶稣基督一同得份"(林前1:9)。如果他已经召了我们,那么这呼召不能被撤销,因为"神的恩赐和选召是没有后悔的"(罗11:29)。主从来不会转离他的恩典之大能的呼召。

"所召来的人又称他们为义,所称为义的人又叫他们得荣耀"(罗8:30)。这是神的神圣救赎计划不可改变的规则。圣经中有一大家熟悉的呼召这么说,"被召的人多,选上的人少"(太22:14),不过我们在此说的与此不同——另一种呼召,它承诺特别的爱,并且要求凡被召的都拥有这爱。在此情景中,对被呼召者,就如亚伯拉罕的子孙,主曾说,"你是我从地极所领来的,从地角所召来的,且对你说:'你是我的仆人,我拣选你并不弃绝你'"(赛41:9)。

主所做的已经给了我们恒忍和得到将来荣耀很有力的理由。主已经召我们与他儿子耶稣一同得份。仔细思想这是什么意思。这个意思是说,我们被召是作耶稣基督的合伙人。如果你确实被神的恩典所召,你就进入与主耶稣基督的团契,在所有一切上和他一起作共同所有者。从今往后,在至高者眼中,你与他同为一。

在十字架上主耶稣亲自担当了你的罪。通过这个行动,他为了你而成为咒诅,同时,他也成为你的义。其结果就是你在他里面得称为义。你属于基督，基督也属于你。正如亚当代表他的后裔，同样，耶稣代表所有属他的。就如丈夫和妻子为一，耶稣和所有因着信而与他联合的也为一——因着婚姻关系而为一，永远不可分。

不仅如此，因着爱，活泼和恒久的联合，信徒更成为基督身体的肢体。神呼召我们进入这个联合，这个团契，这个合伙关系，并且正是由于这个事实，他赐予我们得坚固到底的表征和印记。假如我们被看成是在基督以外，那我们不过就是个终必朽坏的可怜人，很快就被归到永恒的毁灭中去。但是当我们与耶稣为一，我们分享他的本性并承受他不朽的生命。我们的命运与主相连，既然他不可能被毁灭，我们也就不可能沉沦。

默想与神子的合伙人关系——你被召进到这个关系——因为你的所有盼望都在于此。因为你牢固地与他在这个合伙人关系中，只要耶稣富有，你就不会贫穷。贫困永不能折磨你，因为你和他是共同业主，而他是天地的所有者。你永不会失败，因为尽管公司里某一位合伙人非常贫穷，完全破产，连巨额债款的零头都无力偿还。但另外一位合伙人的富有却仍是不可想象，取之不尽，用之不竭。在这样一个合伙关系中，你已经远远越过了现今的不幸福，未来的改变和万物终局的震撼。主已经召你进入与他的儿子耶稣基督的团契，因着那样做，他把你置

> 我们可以怀着伟大的信心前行，迈入尚不可知的未来，因为我们在永恒中与耶稣联合。

于经久不衰的保护之下。

如果你的确是一个信徒,你与基督为一并因此得保守。你明白其中的真理吗?如果你真是由于神不可变更之行动而与耶稣为一,你属于他,因此必将被坚固到底,直到你见他的面那一日。那么你,一个相信的罪人,就与耶稣同在一条船上,除非耶稣沉了,信徒永远不会溺水。耶稣已经将得救之人带入和他这样一种关系,以致除非他必须先被殴打,胜过,并被羞辱,他所赎买的最小的一位才会受到伤害。他的名字在公司居首位,除非这个名字受到羞辱,我们即使面对所有可怕的失败也是安全无虞。

结果是,因为我们在永恒中与耶稣联合,我们可以满怀伟大的信心前行,迈入尚不可知的未来。如果这个世界的人问道,"那靠着良人从旷野上来的是谁呢?"(歌8:5)我们将欢喜快乐地承认,我们靠着耶稣,而且我们愿意更多更多地靠着他。我们信实的神是永不枯竭的喜乐之井,我们与神子之团契是满有喜乐的河流。知道这些荣耀之事,我们怎会气馁。不,我们更愿和使徒一起喊道,"谁能使我们与基督的爱隔绝呢?"(罗8:35)

结语

在你一页一页阅读本书时,如果你尚未一步一步地跟随我,那我实在很遗憾。如果没有抓住、采纳并在实践中应用一本书给你讲述的真理,那么读这本书并无任何价值。这就好像某人在商店里看到很丰盛的食物,却仍然忍饥挨饿,因为他们自己不吃任何这些食品。谈到阅读此书,如果你像这种人,除非你实实在在地接受耶稣基督,我们的主,那么我和你在书中的相会就全是徒劳无益。

在我这方面,我有一个清清楚楚的愿望,就是在你的灵性和永生上面帮助你。我已经尽了全力来做成此事,我内心非常渴望赢得这样一个殊荣。在我写下这一页时,我想着你,我放下笔,热切地低头为每一位将会读到此书的人祷告。我坚定的信念就是很多读者会得到祝福,如果我还没有这么样来触摸到你,我的心将会很痛。如果是这样,我要问,你为什么还在拒绝呢?

如果你对我带给你的那好得无比的福祉置若罔闻,那么至少请你公平地承认,你的最终结局不会怪罪到我。

当我们两人在那白色大宝座前见面的时候,你不会责备我,说我对你在读这本小书时付出的注意力掉以轻心了。神知道,我所写的每一行都是为了你永恒的福乐。我现在就在灵里面紧紧握住你的手。你是否感觉到我的弟兄情谊般的紧握?我看着你,泪水满眶,我说,"你为什么要死?你为什么不想一想你的灵魂?你就这么轻率地选择灵里的灭亡吗?请不要这么做。掂量一下这些非常严肃的事情,务必要选择永生。不要拒绝耶稣,他的爱,他的血,他的救恩。你为什么要这么做呢?你真的要这么做吗?我求你,不要离弃你的救主。"

另一方面,如果我的祷告感动了你,你被引导信靠主耶稣并靠着恩典而接受他的救恩,那么坚守这个教义和永生之道。让耶稣成为你的一切的一切,并在生活和行动中惟独靠着白白的恩典。没有任何别的人生会像活在神的眷顾之下那样。接受所有这一切作为白白的礼物,保守你的心怀意念,既不落入自义的骄傲,也不落入自责的绝望。它将因着感恩之爱而使你的心变得更加温暖,而且这样一来,也将使灵魂中生出一种情感,而这种情感,相比较于那些无缘无故的惧怕,更被神所悦纳。

> 先要看里面的人和灵性,其余的自然会随之而来。

那些企图靠着自己努力,凭自我的善行得救之人,对于那光辉灿烂的委身一无所知,那种在神里面蒙福的温暖和虔诚的喜乐,都是来自于神的恩典白白赐下的救恩。靠自我

结语

得救的愚昧之灵和被神领养那喜乐之灵相比简直不可同日而语。信心最微小的感觉带来的福分,相比在律法的应许之下终生辛劳所带来的一切,或者那些所谓献身者精疲力竭的工作,幻想靠着一连串的圣礼而攀上天国,都要更丰富真实。信心是属灵的,神是灵,神因此喜悦它。常年复述祷告词,到教堂或小礼拜堂去,参加各种庆典或仪式,在神看来都是可憎恶的。但是真信心之眼的哪怕只是一瞥也是属灵的并讨神欢喜。"父要这样的人拜他"(约4:23)。先要看里面的人和灵性,其余的自然会随之而来。

如果你得救了,要随时关注尚未得救之灵魂。要是你对其他人没有那种强烈的关心,你自己的心也不会变得丰盛。你的灵魂之生命依靠信心。它的健康依靠爱。一个人若没有渴望将别人引到耶稣前就永远不会理解他的爱。参与主的工作——爱的工作。先从家里开始。下一步,拜访你的邻居。你村子里的人,或你住的那条街上的人,和他们攀谈。无论何处,只要你的手可以够到,将主的话像撒种似的播撒出去。

亲爱的读者,和我在天堂相见。不要选择下到地狱去。那个悲惨的地方一去无回。天上的大门向你敞开时,你为什么要选择通向地狱之路呢?不要拒绝白白的饶恕,和耶稣给予所有信靠他的人的全备的救恩。不要犹豫不决,不要拖延。你已经有足够的时间作决定。现在是行动的时刻。此刻,下一个立即和彻底的决心,相信耶稣。今天,现在,就相信所说的一切并来到你的主面前,机不可失,时不再来。确信。就是此刻,因为机会若永远失去,那将是最可怕的。

我再对你说——和我在天堂相见。

关于作者

司布真(Charles Haddon Spurgeon, 1834 - 1892)是英国浸信会的牧师。他在十九岁时开始传道,很快就变得很有名望了。他至今仍然以"讲道王子"而著称。当年他在伦敦大都会会幕教堂(the Metropolitan Tabernacle)讲道,经常有超过一万人参加。他的讲章曾在报纸上发表,并被翻译成多种语言,而且被作为书籍结集出版。

十字架, 莱尔

「但我断不以别的夸口,只夸我们主耶稣基督的十字架。」(加六14)

读者啊,请让我来跟你谈谈这个题目。相信我,这是一个有着最深远的重要性的题目,绝非什么简单的争议的问题;绝非什么人们认为尽可以言人人殊,同时却觉得对他们进不进天堂并无大碍的观点。"你怎么看基督的十字架?"每个人都必须对这个问题有正确的答案,否则他就永远失丧。对这个问题的答案将决定:天堂或地狱,幸福或悲苦,生命或死亡,末日的祝福或咒诅,也就是说,将决定一切。让我来告诉你:

1. 使徒保罗断不以什么夸口
2. 使徒保罗以什么夸口
3. 为什么所有的基督徒都应像使徒保罗那样思考和感受到十字架

www.anekopress.com/product/the-cross-download

www.ingramcontent.com/pod-product-compliance
Lightning Source LLC
Chambersburg PA
CBHW020442090526
44586CB00045B/676